やさしいフランス語で読む
シャルル・ペローのおとぎ話

IBCパブリッシング

Original Illustrations
Paul Gustave Doré

●

カバーデザイン・イラスト
アサイレイコ

●

編集協力
鈴木秀幸

はじめに

　ずいぶん昔のことです。ぼくは大学を休学して、フランスに語学留学をしていたのですが、日本での生活と比べて、ひとつだけ淋しい思いをしていました。それは夜、寝る前に読書ができないこと。もちろん本屋さんに行けば、フランス語の小説は簡単に手に入ります（マルセル・プルーストの『失われた時を求めて』の原書もすぐに購入しました）。でも、悲しいことに、当時のぼくの語学力では、ベッドに寝ころがりながらフランス語の原書を読み、「読書」を楽しむというわけにはいきません。辞書を引きひき、複雑な構文を解析しながら原文を解読していくと、「楽しみ」ではなく、「苦行」になってしまうのです。ところが、そんなある日、やさしいフランス語で書かれた本を見つけて、「オリジナルじゃないから」と最初は迷ったのですが、思い切って買ってみました。そうしたら、どうでしょう？　読みはじめたとたん、「ああ、これぞ読書の楽しみ！」と嬉しくなりました。この時の嬉しさは今でもはっきり覚えています。

　おそらく、この本を手にとった皆さんは、フランス語の学習意欲が高く、性格もきっと真面目で、「フランス語は多少辛くても、がんばって身につけるものだ」と考えていらっしゃると思います。でも、そんなことはあり

ません。勉強は楽しくするのが一番。語学の学習には時間がかかるので、むしろ楽しくないと長続きしないのです。少なくとも、楽しい勉強も合間にはさまないと……。

ということで、

「やさしいフランス語で読む」
メリット1

フランス語で「読書の楽しみ」を味わうことができる。「読書の楽しみ」とは小説なら、その世界にひきずりこまれて、お話に没頭すること。「やさしいフランス語」で書かれたものなら、途中であまり中断されることなく、お話を楽しむことができます。

「やさしいフランス語で読む」
メリット2

実は「やさしいフランス語」で読むことは、語学力のアップにもつながります。ほかの外国語と同様、フランス語は「フランス語特有の発想」で書かれています。学習者にはこの「発想」がわかりにくいのですが、どんなに「やさしいフランス語」で書かれていても、そこには

「フランス語の発想」があります。したがって、「わかる、わかる」と楽しく読んでいるうちに、自然に「フランス語の発想」が理解できるようになります。

　また、語学を習得するには、「内容のわかるものをたくさん読む」ことが大切なのですが、「やさしいフランス語で読む」ことは、その点でも最適です。このシリーズには語注もついていますので、そのうちに少しずつ語彙も増えてきます。

　要するに、小さい頃、やさしい日本語で書かれたお話を楽しく読んで、日本語を自然に身につけたように、楽しくお話を読みながら、フランス語を身につけることができるのです。語学の学習段階では、一度、そういった時期を通過することが大切だと思われます。

　このシリーズで読書を楽しみながら、フランス語の力をつけて、やがてはフランス語の原書を自在に読みこなす方が出てくることを願ってやみません。

フランス語翻訳家
高野　優

Contenu

La Belle Au Bois Dormant 9
眠りの森の美女

Le Petit Chaperon Rouge 31
赤ずきん

Barbe-Bleue 39
青ひげ

Le Maître Chat, Ou Le Chat Botté 53
長靴をはいた猫

LES FÉES 67
仙女たち

Cendrillon,
Ou La Petite Pantoufle De Verre 77
シンデレラ

Riquet À La Houppe 93
巻き毛のリケ

Le Petit Poucet 105
親指小僧

Mot et index de l'expression 122
語句索引

La Belle Au Bois Dormant

眠りの森の美女

シャルル・ペローのおとぎ話

眠りから覚めて

　この物語、王子がやって来て王女が目覚め、めでたしめでたしで終わるのではないのですね。城中がみな目覚めて食事をして、そのあとすぐに結婚式を挙げ「その夜はふたりともあまり眠らなかった、もっとも王女の方はその必要はなかったが」、と同じ文章の中で「朝になるやいなや王子は出発した」といって、王子は父王が心配して待つ自分の城へ帰ってしまいます。そして後日談が全体の5分の2ほど続くのです。結婚して終わるのはグリム童話の方です。

　さて、王子は母が人食い鬼だったので、妻と子供を隠していたのですが、なぜ父王がそのような結婚をしたのかというと、財産目当てだったというのです。父王が亡くなって王子が王位を継ぐと、さすがに国民や母后に家族を紹介します。その時までにはオーロール（暁姫）とジュール（日の光）という子供も生まれていました。母后は可愛い2人の孫を見ると食べたくて（！）たまりません。王が城を留守にしている間に食べてしまおうと給仕長に言いつけるのですが、給仕長は代わりに羊や鹿を殺して子供たちと若い王妃をかくまいます。だまされたと知った母后が激怒して、ヒキガエルや毒ヘビでいっぱいの大きな桶を用意し彼らを放り込んで殺そうとしたところ、突然王が帰国します。逆上した母后は結局自分がその中に飛び込んで死んでしまいます。

　凄まじい最期です。それでも王は、お母さんですから、恐れながらも愛していて、母后が亡くなったことをたいへん悲しみました。母后の方もオーロールを食べたいと言い

眠りの森の美女

出すまでは、小さな子供を見ると襲いかかるのを我慢するのに、この世ならぬ苦しみを味わっていたようです。でも、ということは、とても良い人に思われる王子ですが、彼にも人食い鬼の血が流れていたのですよね。

　まあそれは詮索しないことにして、王子と王女が会うシーンはとても素敵です。時が満ちて目が覚める時が来ていたので、王子が枕元にひざまずくと王女はすぐに目覚め、王子の方がぎこちなくて、しどろもどろだったので、王女はまたそこがいいと思ったなどと書かれています。キスはしません。王女は長い眠りの間に夢を見て、心の準備ができていたので落ち着いていました。ふたりは4時間話したが、まだまだ話し足りなかった、というのもとてもおもしろく読めます。100年も眠っていた話なのに、王女が眠りについたとき仙女が1時間で駆けつけたとか、15分で城の周りに木が生い茂ったとか、他の数字はかなり細かいのです。

　起きたとき王女は時代遅れの服を着ていたけれど、美しいのには変わりなかったとか、失礼になるから王子はそのことを黙っていたとか、100年何も食べないでいた召使いたちはお腹がペコペコだったとか、具体的な描写には思わず笑ってしまいます。

　ここでの教訓は、良い夫に出会うにはじっくり待たなければならないということ。けれど女性は結婚に憧れて急ぐものだから、自分は女性に向かってこの教えを説く、力も勇気もない、と結んでいます。

　ところで王女が生まれたときに仙女たちが贈り物をしますが、富は贈っていません。ペローは富よりもその人の資質や心の持ち方が大事だと思っていたように感じられます。

シャル・ペローのおとぎ話

Il était une fois un roi et une reine. Ils étaient très tristes de ne pas avoir d'enfants. Un jour enfin la reine fut **enceinte**, et elle **accoucha d'**une fille. On fit un beau baptême. On donna pour **marraines** à la petite princesse toutes les fées que l'on put trouver dans le pays. (Il s'en trouva sept.) Chaque fée fit un don à la princesse. **Par ce moyen**, la princesse reçut toutes les perfections.

Après le **baptême**, toute la compagnie revint au palais du roi. Il y avait un grand festin pour les fées. **Tout à coup**, on vit entrer une vieille fée que l'on **n'**avait **point** invitée, parce qu'on la croyait morte.

La vieille fée pensait qu'on la méprisait. Elle **grommela quelques menaces entre ses dents**. Une des jeunes fées, qui se trouvait près d'elle, entendit ces menaces. Jugeant que la vieille pourrait donner quelque fâcheux don à la princesse, la jeune fée alla se cacher **derrière** la tapisserie. Elle voulut parler la

眠りの森の美女

dernière, et pouvoir réparer le mal que la vieille aurait fait.

❧ mots-clés et expressions utiles

- [ ] Il était une fois 〜 昔あるところに〜がいました
- [ ] enceinte 妊娠した
- [ ] accoucher de A Aを産む
- [ ] marraine *n.f.* 名付け親、キリスト教の教母
- [ ] par ce moyen この方法で
- [ ] baptême *n.m.* 洗礼、祝い
- [ ] tout à coup 突然に
- [ ] ne 〜 point 少しも〜ない
- [ ] grommeler quelques menaces entre ses dents 歯ぎしりをしながら何やら恨みがましいことをぶつぶつ言う
- [ ] derrière A Aの後ろに

シャルル・ペローのおとぎ話

Les autres fées **commencèrent à** faire leurs **dons** à la princesse. Une fée lui donna pour don qu'elle serait la plus belle personne du monde. La deuxième fée donna pour don que la princesse aurait de l'esprit comme un ange, la troisième fée qu'elle aurait une grâce admirable, la quatrième fée qu'elle danserait parfaitement bien, la cinquième fée qu'elle chanterait comme un **rossignol**, et la sixième fée qu'elle jouerait de toutes sortes d'instruments à la perfection. Mais la vieille fée lui donna pour don que la princesse se percerait la main d'un **fuseau**, et qu'elle en mourrait.

Ce terrible don **fit frémir** toute la compagnie. Mais à ce moment-là, la jeune fée **sortit de** derrière la tapisserie. Elle dit ces paroles : « Rassurez-vous, Vos Majestés. Votre fille n'en mourra pas. La princesse **se percera la main d'un fuseau**. Mais **au lieu d'**en mourir, elle tombera seulement dans un sommeil qui durera cent ans. **Au bout du** sommeil, le fils

La Belle au Bois Dormant
眠りの森の美女

d'un roi viendra la réveiller. »

Le roi fit publier aussitôt un édit. Cet **édit** défendait à toutes personnes de filer au fuseau, sous peine de mort.

Au bout de quinze ou seize ans, il arriva que la jeune princesse, courant un jour dans le palais, se trouva dans une petite chambre où une bonne vieille femme était seule à **filer au fuseau**. Cette femme ne savait rien des défenses que le roi avait faites de filer au fuseau.

❧ mots-clés et expressions utiles

- [ ] commence à +*inf.* 〜しはじめる
- [ ] don *n.m.* 贈り物、天の恵み
- [ ] rossignol *n.m.* ナイチンゲール、さえずりが美しいツグミ科の鳥
- [ ] fuseau *n.m.* 糸車、糸巻き
- [ ] faire frémir 震えさせる
- [ ] sortir de A Aから外へ出る
- [ ] se percer la main d'un fuseau 糸車で自分の手を刺す
- [ ] au lieu de 〜 〜の代わりに
- [ ] au bout de A Aの後で
- [ ] edit *n.m.* 勅令、王の命令
- [ ] filer au fuseau 糸車で糸を紡ぐ

シャルル・ペローのおとぎ話

« Que faites-vous là, ma bonne femme? », demanda la princesse.

« Je file, ma belle enfant », lui répondit la vieille, qui ne connaissait pas la princesse.

« Que cela est joli! », dit la princesse. « Comment faites-vous? Prêtez-le-moi, s'il vous plaît. Je voudrais essayer. »

La princesse prit le fuseau et s'en perça la main ... et elle **tomba évanouie**.

La bonne vieille crie au secours. On vient de tous côtés, on jette de l'eau au visage de la princesse, et on lui frappe dans les mains. Mais rien ne la faisait revenir de son évanouissement.

Alors le roi **se souvint de** la **prédiction** des fées. Il fit mettre la princesse dans le plus bel appartement du palais, sur un lit d'or. Même dans son **évanouissement**, elle était toujours belle comme un ange. Elle avait seulement les yeux fermés, mais on l'entendait respirer doucement.

La Belle au Bois Dormant

眠りの森の美女

Le roi ordonna qu'on **laissât** la princesse dormir. La bonne jeune fée (celle qui lui avait sauvé la vie) arriva rapidement au palais. Elle approuva tout ce que le roi avait fait. Mais elle pensa que, quand la princesse viendrait à **se réveiller**, elle serait bien **embarrassée toute seule** dans ce vieux palais. Alors, voici ce qu'elle fit :

❧ mots-clés et expressions utiles

- [ ] tomber évanoui, e　気を失う
- [ ] se souvenir de A　Aを思い出す、覚えている
- [ ] prediction *n.f.*　予言
- [ ] évanouissement *n.m.*　気絶
- [ ] laisser A *inf.*　Aが〜するままにさせておく
- [ ] se réveiller　目を覚ます
- [ ] embarrassé, e　ふさがれた、困惑した
- [ ] tout, e seul, e　たったひとりで

シャルル・ペローのおとぎ話

Elle toucha de sa baguette tous ceux qui étaient dans ce palais (hormis le roi et la reine). Elle toucha les **gouvernantes**, les **filles d'honneur**, les femmes de chambre, les **officiers**, les cuisiniers, les **gardes**, les **pages**, et les **valets de pieds**. Elle toucha aussi tous les chevaux qui étaient dans les écuries et la petite chienne de la princesse. Dès que la fée les eut touchés, ils **s'endormirent** tous.

La fée leur dit : « Vous ne vous réveillerez **qu'en même temps que** la princesse. Vous serez tous prêts à la servir quand elle **en aura besoin**. »

Tout cela se fit en un moment. Les fées n'étaient pas longues à leur besogne.

Alors le roi et la reine sortirent du palais, après avoir **embrassé** leur chère fille. Puis il crût tout autour du palais une grande quantité de grands arbres, de **ronces** et d'**épines entrelacées** les unes dans les autres, que personne n'aurait pu passer. On ne voyait plus

La Belle au Bois Dormant
眠りの森の美女

que le haut des tours du palais. Tout cela fut encore le travail de la bonne fée.

❦ *mots-clés et expressions utiles*

- ☐ gouvernante *n.f.* 女家庭教師、子守役
- ☐ fille d'honneur *n.f.*（若い）女官
- ☐ officier *n.m.* 士官、将校
- ☐ garde *n.m.* 警備員
- ☐ page *n.m.* 王侯貴族に仕える小姓
- ☐ valet de pieds *n.m.* 制服を着た使用人
- ☐ s'endormir 眠る
- ☐ en meme temps que A Aと同時に
- ☐ avoir besoin de A Aを必要とする（ここではen=de vous）
- ☐ embrasser キスをする
- ☐ ronce *n.f.* 茨
- ☐ épine *n.f.* 棘
- ☐ entrelacé, e 交錯した

シャルル・ペローのおとぎ話

Au bout de cent ans, un fils d'un roi (d'une autre famille que la princesse endormie) était allé à la chasse de ce côté-là. Il demanda ce que c'était que les tours qu'il voyait au-dessus d'un grand bois fort épais. Ses amis n'en savaient rien. Les uns disaient que c'était un vieux château où il revenait des esprits. Les autres disaient qu'un **ogre y demeurait**.

Le prince ne savait qu'en croire. Mais un vieux paysan prit la parole et lui dit : « Mon prince, on dit qu'il y a dans ce palais une belle princesse. On dit qu'elle dormira cent ans, et qu'elle sera réveillée par le fils d'un roi. »

Le jeune prince **se sentit** tout de feu. Il crut sans hésiter qu'il mettrait fin à une si belle aventure. Poussé par l'amour et par la gloire, il résolut de voir **sur-le-champ** ce qui en était. Quand il **s'avança** tout seul vers les bois, ces ronces et ces épines **s'écartèrent** d'elles-mêmes pour le laisser passer. Il marcha vers le palais. Il entra dans une grande **avant-cour**

La Belle au Bois Dormant
眠りの森の美女

où tout ce qu'il vit était capable de le **glacer de crainte**. C'était un silence affreux. L'image de la mort se présentait partout ; le prince ne voyait que des corps d'hommes, de femmes et d'animaux, qui paraissaient tous morts.

Le prince entra dans une chambre, et il vit sur un lit la jeune princesse endormie. Elle lui paraissait être la plus belle fille du monde.

❧ mots-clés et expressions utiles

- □ ogre *n.m.* 人食い鬼
- □ demeurer à A Aに住む
- □ se sentir 自分が〜だと感じる
- □ sur-le-champs 直ちに
- □ s'avancer 前進する
- □ s'écarter 遠ざかる
- □ avant-cour *n.f.* 前庭
- □ glacer A de crainte Aを恐怖で縮み上がらせる

La princesse s'éveilla. Elle regarda le prince avec des yeux tendres. « Est-ce vous, mon prince? », lui demanda-t-elle.

Le prince était charmé. Il assura la princesse qu'il l'aimait plus que lui-même.

Tout le palais s'était réveillé avec la princesse. Le prince et la princesse passèrent dans un salon de miroirs, et y **soupèrent**. Après le souper, le grand **aumônier** les maria dans la chapelle du palais. Le prince quitta sa femme dès le lendemain matin pour retourner vivre à la ville.

Le prince avait dit à son père qu'il s'était perdu dans la forêt. Le roi son père, qui était bon homme, le crut. Mais sa mère ne le crut pas. Voyant que le prince allait presque tous les jours à la chasse, sa mère ne douta plus qu'il n'eût quelque **amourette** ; car il vécut avec la princesse plus de deux ans, et en eut deux enfants. Le premier, qui était une fille, fut nommé Aurore. Le second, qui était un fils,

La Belle au Bois Dormant
眠りの森の美女

fut nommé Jour.

Le prince n'osa jamais confier à sa mère son secret. Il la craignait un peu, parce qu'elle était de race ogresse. On disait tout bas à la cour qu'elle avait les **inclinations** des ogres pour manger des enfants. Ainsi le prince ne voulut jamais rien dire.

❧ mots-clés et expressions utiles

- □ souper 夜食をとる、*n.m.* 夜食
- □ aumônier *n.m.* 司祭、牧師
- □ amourette *n.f.* 一時の恋
- □ inclination *n.f.* 気質、好み

シャル・ペローのおとぎ話

Au bout de deux ans, le roi son père mourut. Le prince devint le roi, et il **déclara publiquement** son mariage. Il alla **quérir** la reine sa femme et l'**installer** dans son palais. On lui fit une entrée magnifique dans la ville capitale. La jeune reine entra au milieu de ses deux enfants.

Quelque temps après, le roi dut partir faire la guerre. Il laissa la **régence** du royaume à la reine sa mère. Mais dès que le roi fut parti, la **reine-mère** envoya la jeune reine et ses enfants à une maison de campagne. Elle fit cela pour pouvoir plus **aisément assouvir** son horrible **envie** de les manger.

La reine-mère alla à cette maison quelques jours après. Elle dit un soir à son maître d'hôtel : « Je veux manger demain la petite Aurore. »

« Ah, madame! », s'exclama le maître d'hôtel.

« Je le veux », dit la reine-mère (d'un **ton**

眠りの森の美女

d'ogresse qui a envie de manger de la chair fraîche). « Et je veux la manger à la **sauce Robert**. »

Ce pauvre homme prit son couteau. Il monta à la chambre de la petite Aurore. La petite fille avait quatre ans ; elle vint en riant se jeter à son cou. Le maître d'hôtel se mit à pleurer, et le couteau lui tomba des mains. Il alla tuer un petit agneau pour la reine-mère. Il lui fit une très bonne sauce, et la reine-mère le mangea.

❧ *mots-clés et expressions utiles* ───────

- ☐ declarer 表明する、宣言する
- ☐ publiquement 公けに
- ☐ quérir 求める
- ☐ installer 入居させる
- ☐ régence *n.f.* 摂政
- ☐ reine-mére *n.f.* 女王であり母親でもある女性。ここではお后様
- ☐ aisément たやすく
- ☐ assouvrir（欲求などを）満足させる
- ☐ envie *n.f.* 欲求
- ☐ ton *n.m.* 声や音の調子
- ☐ sauce Robert *n.f.* ロベール・ソース。玉ネギ、マスタード、白ワインを使ったドミグラスソースで、古くからフランス、スペインで肉料理に使われている

シャルル・ペローのおとぎ話

Pendant ce temps, le maître d'hôtel avait **emporté** la petite Aurore. Il l'avait cachée dans un autre logement.

Huit jours après, la **méchante** reine-mère dit à son maître d'hôtel : « Je veux manger le petit Jour. »

Le bon homme alla tuer un deuxième petit agneau, et il trompa la reine-mère comme l'autre fois. Au même moment, il porta le petit Jour à sa femme. Elle le cacha avec la petite Aurore.

Un soir la méchante reine-mère dit au maître d'hôtel : « Je veux manger la jeune reine aussi. »

Le pauvre maître d'hôtel **avait peur**. « Je ne peux pas **tromper** la reine-mère encore une fois », pensa-t-il. Enfin il **prit la résolution**, pour sauver sa vie, **de** tuer la jeune reine.

Il monta dans la chambre de la jeune reine. Il ne voulut pourtant pas la surprendre. Il lui dit avec respect l'ordre de la reine-mère.

眠りの森の美女

« Faites votre **devoir** », lui dit la jeune reine. « **Exécutez** l'**ordre** que l'on vous a donné. J'irai revoir mes enfants que j'ai **tant** aimés. » (La jeune reine les croyait morts depuis qu'on les avait enlevés sans lui rien dire.)

« Non, madame », lui répondit le pauvre maître d'hôtel. « Vous ne mourrez pas, et vous allez revoir vos chers enfants. Ils sont cachés chez moi, avec ma femme. Je tromperai encore la reine-mère. Je vais lui faire manger une jeune **biche** à votre place. »

❧ *mots-clés et expressions utiles*

- [ ] emporter 運び去る
- [ ] huit jours après 一週間後
- [ ] méchant, e 意地悪な
- [ ] avoir peur 恐れる
- [ ] tromper だます
- [ ] prendre la resolution de +*inf.* 〜することを決断する
- [ ] devoir *n.m.* 義務、するべきこと
- [ ] exécuter 実行する
- [ ] ordre *n.m.* 命令
- [ ] tant たくさん
- [ ] biche *n.f.* 雌鹿

シャル・ペローのおとぎ話

Le maître d'hôtel cacha la reine chez lui avec ses enfants. Il alla tuer une biche, et la reine-mère la mangea.

La méchante reine-mère était très contente de sa cruauté. Elle se préparait à dire au roi, à son retour, que les loups avaient mangé la jeune reine et ses enfants.

Mais un jour la reine-mère était près de la maison du maître d'hôtel. Elle entendit la voix de la jeune reine et aussi les voix des deux enfants. L'ogresse était **furieuse** d'avoir été trompée. Elle fit **apporter** une grande **cuve** au milieu de la cour. Elle fit remplir cette cuve de **crapauds**, de **vipères**, et de **serpents**. « Je vais jeter dans cette cuve la reine et ses enfants et le maître d'hôtel aussi. Je les tuerai tous », dit-elle.

À ce moment-là, le roi revint de la guerre. Il entra dans la cour. Il demanda tout étonné ce que voulait dire cet horrible spectacle. L'ogresse, qui était enragée de voir le roi, **se**

眠りの森の美女

jeta elle-même dans la cuve. Elle fut dévorée en un instant par les vilaines bêtes. Le roi était triste, mais il **s'en consola** bientôt avec sa belle femme et ses chers enfants.

✌ mots-clés et expressions utiles

- furieux, se 激怒した
- apporter 持ってくる
- cuve *n.f.* 桶
- crapaud *n.m.* ヒキガエル
- vipère *n.f.* 毒マムシ
- serpent *n.m.* ヘビ
- se jeter 飛びかかる
- se consoler de A Aのことをくよくよ考えない、自分を慰める

Le Petit Chaperon Rouge
赤ずきん

シャル・ペローのおとぎ話

食べられてしまう赤ずきんちゃん

　赤ずきんちゃんの物語は、シンデレラと並んでペロー童話集の中でも特に有名です。この話については地方によって様々な伝承がありますし、様々な分野の研究の対象にもなっていて、「赤ずきん学」という1つの学問を形成しているという学者さえいるそうです。

　ところで、みなさんがご存知の赤ずきんちゃんは、最後、通りかかった猟師に助けられておばあさんと一緒にオオカミのおなかから出してもらい、代わりに石を詰め込むのでなかったでしょうか？　それはグリム童話の赤ずきんです。グリム兄弟はペローの童話集から話をとったと言われていますが、そこを変えたのですね。伝承の中には、赤ずきんがちょっとトイレに行ってきますといって、オオカミをだまして自力で逃げ出すというバージョンもあるようです。またオオカミが、あとからやって来た赤ずきんに、殺しておいたおばあさんの肉を食べさせ、血を飲ませる場面を含むもの、1枚1枚服を脱がせて、それはもういらなくなるから燃やしておしまい、と言って赤ずきんを裸にしてしまうものもあるそうです。

　そのようなバージョンは、子供がおとなになるときのイニシエーションだといった解釈がされています。

　また、赤ずきんがオオカミと別れておばあさんの家に向かうとき、こっちの道とあっちの道、オオカミは近道を赤ずきんは遠回りの道を遊びながら行った、ということです

赤ずきん

が、伝承の多くは「針の道（家事、裁縫）」と「ピンの道（社交）」で、ここがまた研究対象になっているそうです。

ペロー版では、そのようなサロンでの朗読にふさわしくない部分は削除され、食べられてしまって終わるので、気をつけないと恐いよ、という教訓物語となっています。子供や若い娘がやたらに人に耳を貸してはいけない、ということ。それだけでなく、教訓では、オオカミの中でも特に優しげなのが危ない、とも言っています。しかしこの短さとシンプルさ、結末に向かって盛り上がっていってあっと終わる、短編としてよくできているのではないでしょうか？

ところで、この話の女の子と赤い頭巾は今や当たり前に結びついていますが、これは伝承にはなく、ペローの創作だそうです。それまでの話では、少女とかおちびさんというだけで名前はなかったとか。この赤という色についても、頭巾についても、いろいろ解釈があるようです。

有名な「おばあちゃん、なんて大きな腕なの」から始まるやり取りもユーモラスといえばユーモラス。ここはこわーい感じを出して読んで欲しいとペローの指示があります。みなさんも頑張ってみてください。

蛇足ながら、ここでもペローは「おばあちゃん、なんて毛深いの」という伝承にあるせりふを、下品だからと省いているそうです。

シャルル・ペローのおとぎ話

Il était une fois une petite fille de village. Sa **mère-grand** lui fit faire un petit chaperon rouge. C'était un chaperon si joli que partout l'on appelait cette fille le Petit Chaperon Rouge.

Un jour sa mère lui dit : « Va voir comment se porte ta mère-grand. On m'a dit qu'elle était malade. Porte-lui une **galette** et ce petit **pot** de beurre. »

Le Petit Chaperon Rouge partit pour aller chez sa mère-grand. Elle demeurait dans un autre village. La petite fille passa dans un bois. Elle rencontra un loup. Ce loup **eut bien envie de** la manger. Il lui demanda : « Où allez-vous ? »

La pauvre fille ne savait pas qu'il est dangereux d'écouter un loup. Elle lui dit : « Je vais voir ma mère-grand. »

« **Demeure**-t-elle bien loin ? », lui demanda le loup.

« Oui, c'est par-delà le moulin que vous

赤ずきん

voyez tout là-bas. C'est la première maison du village », répondit la fille.

« Merci beaucoup », dit le loup. Et il se mit à courir **par le chemin le plus court**. Mais le Petit Chaperon Rouge **s'en alla par le chemin le plus long.**

❧ *mots-clés et expressions utiles* ───────

- □ **mere-grande** *n.f.* 祖母
- □ **galette** *n.f.* ガレット。丸くて平たいビスケット
- □ **pot** *n.m.* 壺
- □ **avoir envie de** +*inf.* 〜したい
- □ **demeurer** 住む
- □ **par le chemin le plus court (long)** もっと近い（遠回りの）道を通って
- □ **s'en aller** 行く

Le loup arriva rapidement à la maison de la mère-grand. Il **frappa** : Toc, toc.

« Qui est là ? », dit la mère-grand.

« C'est le Petit Chaperon Rouge », dit le loup, et il ouvrit la porte.

En un moment, le loup se jeta sur la bonne femme et la dévora. Ensuite il ferma la porte et alla se coucher dans le lit de la mère-grand, en attendant le Petit Chaperon Rouge.

Quelque temps après, la pauvre fille vint frapper à la porte. Toc, toc.

« Qui est là ? »

Le Petit Chaperon Rouge entendit la grosse voix du loup, mais elle crut que sa mère-grand était malade. Donc elle répondit :

« C'est le Petit Chaperon Rouge. Je vous apporte une galette et un petit pot de beurre. » Et elle ouvrit la porte de la maison, et y entra.

Le loup se cacha dans le lit. Il dit : « Viens te coucher avec moi, ma fille. »

赤ずきん

Le Petit Chaperon Rouge alla se mettre dans le lit. Elle fut très étonnée de voir comment sa mère-grand était faite. Elle lui dit :

❧ *mots-clés et expressions utiles* ───────

□ frapper ノックする

« Mère-grand, que vous avez de grands bras !

— C'est pour mieux t'embrasser, ma fille.

— Mère-grand, que vous avez de grandes jambes !

— C'est pour mieux courir, mon enfant.

— Mère-grand, que vous avez de grandes oreilles !

— C'est pour mieux t'écouter, mon enfant.

— Mère-grand, que vous avez de grands yeux !

— C'est pour mieux te voir, mon enfant.

— Mère-grand, que vous avez de grandes dents !

— C'est pour mieux te manger. »

Et en disant ces mots, le méchant loup se jeta sur le Petit Chaperon Rouge, et la mangea.

Barbe-Bleue
青ひげ

シャルル・ペローのおとぎ話

青ひげのモデル

　この物語の教訓はもちろん、好奇心は数々の後悔をまねくというもの、どんなに心そそられても誘惑に負けてはいけないのです。

　もう1つの教訓というのが付いていますが、これは教訓とはいえないもので、いまどき（17世紀の終わり頃のことですよ！）妻に対してこのような圧制をふるう男などいない、第一夫婦が並んでいる所をみると、どっちが主導権を握っているのやら、妻の方が強いことが多いのじゃないだろうか、なんて書いてあります。ペローの韻文作品『グリゼリディス』には、とことん従順な妻（清純な羊飼いの娘が王妃になったのですが、決しておごることなく旦那様の言う通り、を徹底します）が出てきますが、あれはユーモアでしょうか。

　この話にも、赤ずきんの「おばあちゃん、どうして……」のような繰り返しが出て来て効果を上げています。殺されそうになった妻はお祈りする時間をください、と15分の半分だけ（細かいですね）許されて自分の部屋に入ります。運が良ければ今日来るはずになっている兄たちが、間に合うかもしれません。姉に頼んで塔の上から見てもらいます。「姉さん、何か来るのが見えない？」「いいえ、光の中に舞い上がる砂ぼこりと青い草だけよ」と差し迫った状況で繰り返されて、読む方もはらはらします。各所に見られる具体的な記述とこうしたテクニックの組み合わせ

青ひげ

　が、おとぎ話でもあり現代的でもある、独特の魅力となっていると思います。

　青ひげにはモデルといわれている人物がいます。ジル・ド・レというフランス人で、15世紀の始め、百年戦争でジャンヌ・ダルクの右腕となって戦いましたが、どうしたことかその後黒魔術に凝り、奥さんは殺さなかったようですが、放蕩、残虐の限りをつくして、数百人のこどもを殺したことで知られています。武術に長け、教養も高く、美男で非常に裕福で、おまけに敬虔なキリスト教徒だった人がなぜそんなことになったのでしょうか。謎と悪のスケールの大きさが後世の人々の心を捉え続けているようです。

　ジル・ド・レは、髪はブロンドだったのにあごひげは黒く、光線の具合によって青く輝いて見えたといいます。

　この話はグリム童話集にも収録されています。ハンガリーの作曲家バルトークのオペラ『青ひげ公の城』にもなっていますし、寺山修司にも『青ひげ公の城』という戯曲があって、どちらも非常に幻想的な作品のようです。

　最近では、アメリー・ノートンというベルギーのベストセラー作家が、2012年に『青ひげ』(Amélie Nothomb "Barbe bleue") を書いて、またまたベストセラーになりました。パリの豪邸の間借り人になったら、家主が青ひげだったのです。条件の良すぎる物件にはご用心。さて結末はどうなるのでしょう。この本は薄いですし、それほど難しくないので、興味のある方は是非原書に挑戦してみてください。

シャルル・ペローのおとぎ話

Il était une fois un homme très riche. Il avait de belles maisons et de la **vaisselle** d'or. Mais par malheur, cet homme avait la barbe bleue. Cette barbe le **rendait très laid et terrifiant**. Tout le monde avait peur de lui.

Une de ses voisines avait deux filles parfaitement belles. Barbe-Bleue **demanda l'une de ces filles en mariage**. Il laissa le choix aux filles. Mais les filles ne voulaient point **se marier avec** Barbe-Bleue. Les filles avaient peur de lui. Cet homme avait déjà épousé plusieurs femmes, et personne ne savait ce que ces femmes étaient devenues.

Barbe-Bleue, pour faire connaissance, mena les deux filles à sa belle maison de campagne. (Il mena aussi leur mère et leurs meilleures amies.) On y demeura huit jours. Ce n'était que promenades, danses et festins.

Enfin tout alla si bien que la fille cadette commença à trouver que Barbe-Bleue était très gentil. « Il n'est pas terrifiant, ni laid »,

青ひげ

dit-elle. La semaine suivante, Barbe-Bleue épousa la fille cadette.

Au bout de quelques mois, Barbe-Bleue dit à sa femme :

« Je dois faire un voyage en province. **Amusez-vous** bien pendant mon absence. Votre sœur Anne pourrait vous **rendre visite**. Voilà les clefs des deux grands **garde-meubles**. Voilà les clefs de la vaisselle d'or. Voilà le passe-partout de tous les appartements. »

⚜ *mots-clés et expressions utiles*

- ☐ vaisselle *n.f.* 食器
- ☐ rendre A très laid et terrifiant Aをとても醜くひどい人にする
- ☐ demander A en mariage Aに結婚を申し込む
- ☐ se marier avec A Aと結婚する
- ☐ s'amuser 楽しむ
- ☐ rendre visite à A Aを訪問する
- ☐ garde-meuble *n.m.* 家具置場

シャル・ペローのおとぎ話

Puis il continua :

« Mais cette petite clef, c'est la clef du cabinet de l'appartement bas. Ouvrez tout, allez partout, mais je vous **défends d**'ouvrir ce cabinet. S'il vous arrive de l'ouvrir, il n'y aura rien qui puisse **apaiser** ma colère. »

La femme promit d'**obéir à** ses ordres, et Barbe-Bleue partit pour son voyage.

La femme de Barbe-Bleue essaya de s'amuser avec sa sœur Anne, mais elle n'était pas contente. **Malgré** sa promesse, elle avait une grande envie d'ouvrir le cabinet de l'appartement bas. Pressée par sa curiosité, elle y descendit toute seule. Étant arrivée à la porte du cabinet, elle s'y arrêta quelque temps. Elle pensa à la défense que son mari lui avait faite. Mais la tentation était trop forte. Elle prit donc la petite clef et ouvrit la porte du cabinet.

Dans le cabinet, elle vit que le plancher était tout couvert de sang. Elle vit aussi les corps de plusieurs femmes mortes et attachées le

long des murs. (C'était toutes les femmes que Barbe-Bleue avait épousées et qu'il avait tuées **l'une après l'autre**.)

La pauvre femme pensa mourir de peur. La clef du cabinet lui tomba de la main. Après un moment, elle ramassa la clef, referma la porte, et monta à sa chambre.

✌ *mots-clés et expressions utiles*

- □ defender A de +*inf.* Aが〜するのを禁止する
- □ apaiser なだめる
- □ obéir à A Aに従う
- □ malgré A Aにも関わらず
- □ l'uné après l'autre ひとりずつ

Puis elle **remarqua** que la clef du cabinet était tachée de sang. Elle **l'essuya**, mais le **sang** ne **s'en allait** point. (C'était une clef enchantée, et c'était donc impossible de la nettoyer **tout à fait**.)

Le lendemain, Barbe-Bleue revint de son voyage et redemanda les clefs. Sa femme les lui donna, mais d'une main tremblante.

Barbe-Bleue vit la petite clef tachée de sang. Il dit à sa femme : « Pourquoi y a-t-il du sang sur cette clef ? »

« Je n'en sais rien », répondit la pauvre femme, plus **pâle** que la mort.

« Je le sais bien, moi », reprit Barbe-Bleue. « Vous avez voulu entrer dans le cabinet ! Hé bien, madame, vous y entrerez, et vous irez prendre votre place **auprès des** dames mortes que vous y avez vues. »

La pauvre femme se jeta aux pieds de son mari. Elle pleura et lui demanda **pardon**. Mais Barbe-Bleue avait le cœur plus dur qu'un

Barbe-Bleue
青ひげ

rocher.

« **Il faut mourir**, madame, et tout de suite », dit-il.

« Puisqu'il faut mourir », répondit-elle, « donnez-moi un peu de temps pour prier Dieu. »

« Je vous donne **un demi-quart d'heure** », reprit Barbe-Bleue.

✼ mots-clés et expressions utiles

- [ ] remarquer 気づく
- [ ] essuyer ふく、ふき取る
- [ ] sang *n.m.* 血
- [ ] s'en aller 行く。ここでは消えるの意味
- [ ] tout à fait まったく
- [ ] pâle 青白い
- [ ] auprès de A Aのそばに
- [ ] pardon *n.m.* 許し
- [ ] rocher *n.m.* 岩山
- [ ] il faut mourir 死ななければならない
- [ ] un demi-quart d'heure 8分の1時間、7.5分

シャルル・ペローのおとぎ話

Lorsqu'elle fut seule, elle appela sa sœur. Elle dit : « Ma sœur Anne, monte, je te prie, sur le haut de la tour, pour voir si mes frères ne viennent point. Mes frères m'ont promis qu'ils viendraient me voir aujourd'hui. Si tu les vois, fais-leur **signe** de **se hâter**. »

La sœur Anne monta sur le haut de la tour. La pauvre femme de Barbe-Bleue lui criait de temps en temps : « Anne, ma sœur Anne, ne vois-tu rien venir ? »

Et la sœur Anne lui répondait : « Je ne vois rien que le soleil qui **poudroie**, et l'herbe qui **verdoie**. »

« Descends donc vite, ou je monterai là-haut », criait Barbe-Bleue.

« Anne, ma sœur Anne, ne vois-tu rien venir ? »

Et la sœur Anne lui répondit : « Je vois une grosse **poussière** qui vient **de ce côté-ci**. »

« Sont-ce mes frères ? » dit la pauvre femme.

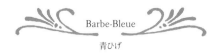

Barbe-Bleue
青ひげ

« Hélas ! Non, ma sœur, c'est **un troupeau de moutons**. »

« Descends donc vite ! », criait Barbe-Bleue.

« Encore un moment », répondit sa femme. Puis elle criait : « Anne, ma sœur Anne, ne vois-tu rien venir ? »

Et la sœur Anne lui répondit : « Je vois deux cavaliers, mais ils sont bien **loin** encore… **Dieu soit loué**, ce sont mes frères ! Je leur fais signe de se hâter. »

❦ mots-clés et expressions utiles

- [ ] signe *n.m.* 合図、サイン
- [ ] se hâter 急ぐ
- [ ] poudroyer 光を浴びてきらめく
- [ ] verdoyer 青々と茂る
- [ ] poussière *n.f.* 埃
- [ ] de ce côté-ci こちら側に
- [ ] un troupeau de moutons 羊の群れ
- [ ] loin 遠い
- [ ] Dieu soit loué. 神の讃えられんことを！ ありがたい！

シャルル・ペローのおとぎ話

Barbe-Bleue se mit à crier si fort que toute la maison trembla. La pauvre femme descendit. Elle alla se jeter à ses pieds, toute **éplorée** et toute **échevelée**.

« Cela ne sert à rien », dit Barbe-Bleue. « Il faut mourir. » Et il prit sa femme par les cheveux. Il leva son **coutelas** pour la tuer.

Mais à ce moment-là, on heurta si fort à la porte que Barbe-Bleue s'arrêta tout court. On ouvrit, et aussitôt on vit entrer deux cavaliers. Mettant l'épée à la main, les cavaliers coururent droit à Barbe-Bleue.

Barbe-Bleue reconnut que c'était les frères de sa femme. Il **s'enfuit** pour se sauver, mais les deux frères le poursuivirent et le tuèrent. La pauvre femme de Barbe-Bleue survécut, mais elle n'avait pas la **force** de se lever pour embrasser ses frères.

Il se trouva que Barbe-Bleue n'avait point d'**héritiers**. Ainsi sa femme demeura maîtresse de tous ses biens. Elle en employa une

Barbe-Bleue
青ひげ

partie à marier sa sœur Anne avec un jeune **gentilhomme**. Elle acheta aussi des **charges** de **capitaine** à ses deux frères. Enfin elle se maria elle-même à un fort **honnête** homme. Cet homme lui fit oublier le mauvais temps qu'elle avait passé avec Barbe-Bleue.

❧ mots-clés et expressions utiles

- éploré, e 泣きぬれた
- échevelé, e 混乱した、髪の乱れた
- coutelas *n.m.* 大包丁
- s'enfuir 逃げる
- force *n.f.* 力
- héritier, ère *n.* 相続人
- gentilhomme *n.m.* 貴族
- charge *n.f.* 負担、税負担
- capitaine *n.m.* 大尉
- honnête 誠実な

Le Maître Chat, Ou Le Chat Botté

長靴をはいた猫

シャル・ペローのおとぎ話

やり手の猫を飼うと

　この物語と類似している伝承の中には、猫でなくてキツネのバージョンもあるそうです。猫になっているのは猫好きには嬉しいことです。キツネも賢そうで小回りが利く感じが猫と共通していますが、猫はそれだけでなく、人間にとって大切な穀物を食い荒らしたり、伝染病を媒介するネズミを捕ってくれるので重宝され、人間との付き合いは非常に長いようです。既に9500年前の墓に、人間と並んで埋葬されているのが見つかっているとか。古代エジプトでは可愛がられるだけでなく崇拝もされていて、その証拠にミイラや神格化された彫像が残っています。中世においては、黒猫などの妖しい感じから悪魔の使いとして迫害されたこともあったそうですが、その後ペストが流行した際、ネズミ捕りで活躍したため名誉挽回できたということです。この物語でも、ネズミ捕りの特技を生かして見事人食い鬼を退治しています。

　また、猫の方も人間から恩恵を受けるらしく、野良猫として暮らす場合は4年から6年という平均寿命が、飼い猫となると14〜18年に延びるそうです。もっともあまりに長生きしすぎて冗談で化け猫といわれている猫もいますが、怪談に出てくる化け猫は飼い主の敵討ちをしたり、自分を虐待した人間に復讐したり、人間に深く関わる行動を取っています。

　さて、この物語の題名は'Le Maître chat ou le Chat botté'です。猫の方は主人に勝手に名前を付けているのに、主人

長靴をはいた猫

は猫に名前を付けてやらなかったのか、猫の名前は出てきませんが maître と称号が付いています。普通名詞としての意味は、主人とか支配者、教師などで、『眠りの森の美女』にも Maître d'Hôtel（給仕長、料理頭）が出てきましたね。呼びかけや名前の前に付ける maître は大芸術家や法律家、特に弁護士の敬称に使われているのをよく見ます。昔は、農民や職人間での「大将」とか「親方」という親しみをこめた呼び方だったようですが、フランス語版の注釈には、「猫は状況を的確に理解して主人を教え導いているのでまさに先生だ」とありました。ただし女性形 maîtresse には愛人の意味がありますので、先生について Elle est ma maîtresse などと気軽に言わないようにしましょう。

　また類話の研究者たちは、猫に長靴をはかせたのはペローの独創だということで、一致しているそうです。この長靴は、藪に踏み込んだり、農民をおどしたりするのに役に立ちましたが、人食い鬼がライオンに変身したので恐ろしくて屋根の上まで逃げたときは、長靴のせいで落ちそうになったと書いてあります。

　最後に教訓は、「若者にとって才覚と世渡りの術は、もらった財産より役に立つ」もう１つの教訓は「衣装や顔かたちや若さが人の心をとらえるのに役に立つ」というもの。才覚は猫にしかなかったのですが、主人の方にもそれを生かせる素質がありました。性格も良かったようです。結局２人で幸運を手に入れたということになるのでしょうか。主人も最初は猫の提案に半信半疑だったけれど、猫がいつも様々な詭計を弄してネズミをしとめているのを見ていたので、まあやらせてみるか、と思ったのだそうです。

シャル・ペローのおとぎ話

Il était une fois un vieux **meunier**. Quand le meunier mourut, il laissa tous ses **biens** à ses trois enfants. Ce **patrimoine** était très pauvre : c'étaient son **moulin**, son **âne**, et son chat. L'aîné eut le moulin, le second fils eut l'âne, et le plus jeune fils eut le chat.

Ce dernier fils ne pouvait se consoler d'avoir un si pauvre **lot** : « Mes frères pourront gagner leur vie honnêtement. Mais je n'ai qu'un chat. Pour moi, il faudra que je meure de faim. »

Le chat entendit ces mots. Il dit au jeune homme **d'un air posé et sérieux** : « Ne vous **affligez** point, mon maître. Donnez-moi un sac et une paire de bottes pour aller dans les **broussailles**. Vous verrez que vous n'êtes pas si mal partagé que vous croyez. »

Le jeune homme savait que le chat était très intelligent. Il donna donc au chat ce qu'il avait demandé.

Le chat **se botta** et s'en alla dans un bois où il y avait beaucoup de lapins. Il mit des

長靴をはいた猫

laiterons dans son sac. Puis il attendit que quelque jeune lapin vînt **se fourrer** dans son sac. À un moment, un lapin entra dans son sac, et le Maître Chat le tua.

Le chat s'en alla chez le roi. Il demanda à lui parler. Le chat **fit une grande révérence au roi**, et lui dit :

❧ mots-clés et expressions utiles

- ☐ meunier, ère *n.* 粉屋
- ☐ bien *n.m.* 財産
- ☐ patrimoine *n.m.* 世襲財産
- ☐ moulin *n.m.* 粉挽き小屋
- ☐ âne *n.m.* ロバ
- ☐ lot *n.m.* くじの賞金
- ☐ d'un air posé et sérieux 落ち着いた、真面目な様子で
- ☐ s'affliger 悲しむ
- ☐ broussaille *n.f.* 茂み
- ☐ se botter 長靴をはく
- ☐ laiterons *n.m.* ノゲシ
- ☐ se fourrer 潜りこむ、入り込む
- ☐ faire une grande révérence au roi 王様にうやうやしくお辞儀をする

シャルル・ペローのおとぎ話

« Voilà, sire, un lapin que monsieur le marquis de Carabas m'a **chargé de** vous **présenter de sa part**. » (*Le marquis de Carabas* c'était le nom que le chat avait donné à son maître, le jeune homme.)

« Dis à ton maître que je le remercie, et qu'il me **fait plaisir** », répondit le roi.

Une autre fois, le chat attrapa deux **perdrix** dans son sac. Il les tua et alla ensuite les présenter au roi. « Voilà, sire, deux perdrix que monsieur le marquis de Carabas m'a chargées de vous présenter de sa part. »

« Dis à ton maître que je le remercie, et qu'il me fait plaisir », répondit le roi.

Le chat continua pendant deux ou trois mois à porter au roi du **gibier** de la chasse de son maître.

Un jour le roi allait faire de la promenade sur le bord de la rivière avec sa fille. Cette fille était la plus belle princesse du monde. Le chat dit à son maître :

長靴をはいた猫

« Si vous voulez suivre mon conseil, votre fortune est faite. Allez vous **baigner** dans la rivière et ensuite laissez-moi faire. »

Le jeune homme fit ce que son chat lui **conseillait. Pendant qu'il** se baignait, le roi vint à passer. Le chat se mit à crier **de toutes ses forces** :

« **Au secours**, au secours ! Voilà monsieur le marquis de Carabas qui **se noie** ! »

❦ mots-clés et expressions utiles

- [ ] charger A de +*inf.* Aに〜する担当をまかせる
- [ ] se présenter 自己紹介する
- [ ] de la part de A Aの方から
- [ ] faire plaisir à A Aを喜ばせる
- [ ] perdrix *n.f.* ヤマウズラ
- [ ] gibier *n.m.* 獲物
- [ ] se baigner 水浴びする
- [ ] conseiller 勧める
- [ ] pendant que 〜 〜の間に
- [ ] de toute sa force 力の限りをふりしぼって
- [ ] Au secours! 助けてくれ！
- [ ] se noyer 溺れる

シャル・ペローのおとぎ話

Le roi reconnut le chat qui lui avait apporté tant de gibier. Il **ordonna** à ses gardes : « Allez vite au secours de monsieur le marquis de Carabas ! »

Pendant qu'on retirait le pauvre marquis de la rivière, le chat **s'approcha du** roi. Le chat lui dit que pendant que son maître se baignait, il était venu des voleurs. Ces voleurs avaient **emporté** les habits du marquis. (Mais en fait, le chat avait caché les habits de son maître sous une grosse pierre.)

Le roi ordonna aux officiers de sa **garde-robe** d'aller quérir de beaux habits pour monsieur le marquis de Carabas. Le roi fit au marquis mille compliments. Et comme les beaux habits **relevaient sa bonne mine** (car le jeune homme était beau), la fille du roi tomba amoureuse de lui.

Le roi voulut que le marquis montât dans son carrosse pour faire la promenade avec lui et la princesse.

長靴をはいた猫

Le chat était ravi de voir que son plan commençait à réussir. Il prit les devants. Quand il rencontra des paysans dans un pré, il dit :

« Bonne gens, dites au roi que ce pré appartient à monsieur le marquis de Carabas. Si vous ne le dites pas, vous serez tous tués. »

Quand le carrosse du roi arriva, le roi demanda aux paysans à qui était ce pré.

« C'est à monsieur le marquis de Carabas », dirent-ils. La menace du chat leur avait fait peur.

❧ mots-clés et expressions utiles

☐ ordonner 命じる
☐ s'approcher de A Aに近づく
☐ emporter 持ち去る
☐ garde-robe *n.f.* 洋服管理
☐ relever sa bonne mine 彼（女）の外観を引き立たせる

シャルル・ペローのおとぎ話

« Vous avez là un bel **héritage** », dit le roi au marquis de Carabas.

Le chat, qui allait devant le carrosse, disait toujours la même chose à tous ceux qu'il rencontrait. Donc le roi était étonné des grands biens de monsieur le marquis de Carabas.

Le chat arriva enfin dans un beau château. Le maître du château était un ogre. Cet ogre était très riche : toutes les terres où le roi était passé étaient de la **dépendance** de ce château. Le chat, qui savait ce qu'il devrait faire, demanda à parler à l'ogre : « Je voudrais avoir l'honneur de lui faire la révérence », dit le chat.

L'ogre reçut le chat et le fit s'asseoir.

Le chat dit : « On m'a **assuré** que vous aviez le don de vous changer en toute sorte d'animaux. Pourriez-vous par exemple vous **transformer en** lion ou **en** éléphant ? »

« Cela est vrai », dit l'ogre. « Je vais vous

長靴をはいた猫

montrer. Vous allez me voir devenir lion. »

Le chat fut très **effrayé de** voir un lion devant lui. Quand l'ogre avait quitté cette forme, le chat lui **avoua** qu'il avait eu bien peur.

Le chat dit : « On m'a assuré encore, mais je ne saurais le croire, que vous aviez le don de prendre la forme des plus petits animaux. Par exemple, pourriez-vous vous **changer en** un rat ou une **souris** ? Cela me semble tout à fait impossible. »

❧ mots-clés et expressions utiles

- □ héritage *n.m.* 相続財産、地所、不動産
- □ dépendance *n.f.* 属領
- □ assurer 断言する
- □ transformer A en B　AをBに変える
- □ effrayé, e de +*inf.* 〜するのをひどく恐れた
- □ avouer 告白する
- □ changer A en B　AをBに変える
- □ souris *n.f.* ハツカネズミ

« **Impossible ?** », dit l'ogre. « Vous allez voir. » Et il se changea en une souris. En un moment, le chat se jeta dessus la souris, et la mangea !

Cependant le roi dans son **carrosse** vit le beau château de l'ogre. Il voulut entrer dedans. Le chat entendit le bruit du carrosse. Il courut au-devant et dit au roi :

« **Votre Majesté soit la bienvenue** dans le château de monsieur le marquis de Carabas. »

« Comment, monsieur le marquis, ce château est encore à vous ! », dit le roi. « Il est très beau. Voyons l'intérieur, s'il vous plaît. »

Le roi, la princesse, et le marquis entrèrent dans une grande salle magnifique. Le roi était charmé des bonnes qualités de monsieur le marquis de Carabas, et la princesse était folle d'amour pour lui. Enfin le roi dit au marquis :

« Voudriez-vous, monsieur le marquis, devenir mon **gendre** ? »

Le marquis fit de grandes révérences et

長靴をはいた猫

accepta l'honneur que lui faisait le roi. Il épousa la belle princesse tout de suite. Le chat devint grand seigneur; il ne courut plus après les souris, que pour **se divertir**.

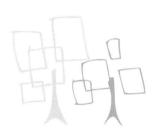

❧ *mots-clés et expressions utiles*

- □ impossible 不可能な
- □ carrosse *n.m.* 豪華な四輪馬車
- □ Votre Majesté （呼びかけ）陛下
- □ Votre Majesté soit la bienvenue 陛下、ようこそおいで下さいました
- □ gendre *n.m.* 娘婿
- □ se divertir 気晴らしに楽しむ

LES FÉES

仙女たち

シャルル・ペローのおとぎ話

口から出てくる
素敵なものと嫌なもの

　これも『赤ずきん』と同じくらい短い物語です。教訓は、ダイヤモンドや金貨は人の心を動かすが、優しい言葉はそれにまさる強い力と値打ちを持つ、そして礼儀正しさや親切心は遅かれ早かれ報いられる、というもの。これはラ・フォンテーヌの詩句から来ているそうですが、物語の最後、通りかかった王子が、母親に追い出されて道端で泣いていた妹娘（姉の方はファンションと名前が出てきますが、妹の方の名はわかりません）を好きになって城へ連れて行くのですが、それは口から花や宝石が出るからではなく、どうしてそうなったかを聞いて、娘の優しさに心を動かされたからでしょう（多分）。このような贈り物は、どんな持参金より値打ちがあると言っているのは、良い性格のことです。娘が礼儀正しさや親切を報いられたというのも、王子に出会えたことをいっていると解されます。

　しかし、母親が姉の方がひどい目にあったのはお前のせいだ、と妹娘を叩いたので、妹は逃げ出したということですが、宝石を口から出す娘を引きとめて利用しなかったのは不思議です。それに、姉娘も泉で仙女に会ったら、そのときだけでも親切にしてみればよかったのに……。彼女は結局、母親にも嫌われて森の片隅で死ぬことになります。

　また、この物語は登場する仙女は1人なのに、題名が『仙女たち』と複数になっている理由が問題にされています。

Les Fées
仙女たち

　単に間違えただけだ、という見方もありますが、仙女一般を指すから複数でいいのだ、という説、類話では2人だったり3人だったりするところ、ペローはそれを削って行ってこのすっきりと整った物語にしたため、題名だけは最初のまま残ったという説など、決定的な説明はまだないようです。

　ところで、高慢な姉の口から出てくるのはヘビ serpent やヒキガエル crapaud で、どちらにせよ気持ちの悪いものですが、昔は特にヒキガエルもマムシ vipère と同じように毒があって、人を噛んだり、その尿で果物や野菜を汚染すると考えられていたそうです。『眠りの森の美女』の最後で、騙されたと知った母后が給仕長と王妃と子供たちを殺そうと用意する桶にもヒキガエルが入っています。

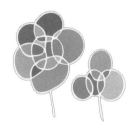

Il était une fois une **veuve**. Elle avait deux filles. L'**aînée** était très **désagréable** et **orgueilleuse**, exactement comme sa mère. La **cadette** était gentille, douce, et honnête, exactement comme son défunt père. Elle était aussi très belle.

Comme on aime **naturellement** son semblable, cette mère était folle de sa fille aînée. En même temps, elle **détestait** sa fille cadette. Elle la faisait manger à la cuisine et travailler sans cesse.

Il fallait que cette fille allât **deux fois par jour puiser** de l'eau à une grande demi-lieue de la maison. Un jour qu'elle était à cette **fontaine**, une pauvre femme s'approcha d'elle.

La pauvre femme dit : « Je vous en prie, donnez-moi à boire. »

« Oui, ma bonne dame », dit doucement cette belle fille. Elle puisa de l'eau et la présenta à la pauvre femme.

La pauvre femme lui dit : « Vous êtes si

Les Fées

仙女たち

belle, si bonne, et si honnête ! Je vais vous faire un don. » (La femme était en effet une fée qui avait pris la forme d'une pauvre femme de village.) « **Je vous donne pour don**, qu'**à chaque parole** que vous direz, une fleur ou une pierre précieuse sortira de votre bouche. »

Lorsque cette belle fille arriva chez elle, sa mère la gronda : « Pourquoi reviens-tu si tard de la fontaine ? »

⚜ mots-clés et expressions utiles

☐ veuf, veuve *n.* 未亡人、やもめ
☐ aîné, e *n.* 長男、長女
☐ désagréable 不愉快な
☐ orgueilleux, se 高慢な、傲慢な
☐ cadet, te *n.* 第二子以下の子
☐ naturellement 自然に、必然的に
☐ détester 嫌う
☐ deux fois par jour 日に２回
☐ puiser 汲む
☐ fontaine *n.f.* 泉
☐ Je vous donne pour don あなたに贈り物をあげます
☐ à chaque parole 言葉を発するたびに

« Je vous **demande pardon**, ma mère », dit sa fille. En disant ces mots, il sortit de sa bouche deux roses, deux **perles**, et deux diamants.

Sa mère était toute étonnée. « D'où vient cela ? », demanda-t-elle.

La fille cadette raconta **naïvement** tout ce qui lui était arrivé à la fontaine … non sans jeter beaucoup de diamants.

« Vraiment, il faut que j'y envoie ma fille ! », dit sa mère. « Voyez, Fanchon, voyez ce qui sort de la bouche de votre sœur quand elle parle », dit-elle à sa fille aînée. « Ne seriez-vous pas bien contente d'avoir le même don ? Allez puiser de l'eau à la fontaine. Une pauvre femme vous demandera à boire. Donnez-lui-en bien honnêtement. »

« **Il me ferait beau voir** aller à la fontaine ! », **gronda** la fille aînée.

« Je veux que vous y alliez, et tout de suite ! », reprit la mère.

Les Fées
仙女たち

La fille aînée alla à la fontaine, mais elle grondait toujours. Quand la fille aînée y arriva, elle ne vit pas une pauvre femme. Elle vit une dame magnifiquement vêtue.

Cette dame lui dit: « Je vous en prie, donnez-moi à boire. »

(C'était la même fée qui était apparue à la fille cadette. Mais maintenant la fée avait pris la forme d'une princesse, pour voir jusqu'où irait la malhonnêteté de cette fille.)

⁑ mots-clés et expressions utiles

- [ ] demander pardon à A　Aに許しを乞う
- [ ] perle *n.f.*　真珠
- [ ] naïvement　無邪気に、ありのままに
- [ ] Il ferait beau voir ～　～するならそれでも結構だ（反語的）、～するとひどい目に遭うよ
- [ ] gronder　うなる、不満をつぶやく

シャルル・ペローのおとぎ話

« Est-ce que je suis ici venue pour vous donner à boire ? Non ! », répondit cette fille **brutale** et orgueilleuse.

« Vous n'êtes pas du tout honnête », dit la fée. « Donc je vous donne pour don qu'à chaque parole que vous direz, il vous sortira de la bouche un serpent ou un **crapaud**. »

La fille aînée revint à la maison. Quand sa mère la vit, elle cria : « Hé bien, ma fille ! »

« Hé bien, ma mère ! », dit la **brutale**. En disant ces mots, il sortit de sa bouche deux serpents et deux crapauds.

« **Ô Ciel !** », dit sa mère. « que vois-je là ! C'est sa sœur qui a fait cela ! » Et la mère courut pour **battre** la fille cadette.

Cette pauvre fille s'enfuit. Elle alla se sauver dans la forêt voisine.

Le fils du roi, qui revenait de la chasse, rencontra la pauvre fille pleurante. Elle était très belle, et donc il lui demanda : « Que faites-vous ici, chère demoiselle, toute seule

Les Fées

仙女たち

dans la forêt ? Pourquoi pleurez-vous ? »

« Hélas, monsieur ! C'est ma mère, qui m'a chassée de la maison. » En disant ces mots, il sortit de sa bouche six perles et six diamants.

Voyant ça, le fils du roi pria la fille de dire d'où cela lui venait. La fille lui **conta** toute son aventure. Le fils du roi tomba amoureux d'elle. Il **emmena** la fille au palais du roi son père, où il l'épousa.

Quant à sa sœur brutale et orgueilleuse, elle était si affreuse et terrible que sa mère la **chassa** de la maison. Cette malheureuse fille alla mourir dans la forêt.

⚜ mots-clés et expressions utiles

- □ brutal, ale 乱暴な、粗暴な 10行目ではla brutale = la fille brutaleの意味で使われている。
- □ crapaud *n.m.* ヒキガエル
- □ Ô Ciel ! なんということだ！
- □ battre 殴る、打ち負かす
- □ conter 語る、話す
- □ emmener 連れていく
- □ chasser 追い立てる

Cendrillon,
Ou La Petite Pantoufle De Verre

シンデレラ

頼りになる代母

　サンドリヨンは英語のシンデレラです。
　ここでの教訓は、女性にとって美しさも貴重な財産といえるけれど、善意というものは値の付けようもなく尊い。それは名付け親からのなによりの贈り物。そしてもろもろの才能に恵まれたとしても、それを生かしてくれる名付け親たる代父 parrain や代母 marrain がいなければなんにもならない、ということです。
　この代母というのが、『サンドリヨン』だけでなく『眠りの森の美女』にも『巻き毛のリケ』にも登場して活躍しています。本当に強い味方です。代母や代父（名付け親と訳してもいいと思いますが、名前を付けたという記述が全くないので、とりあえずキリスト教で洗礼に立ち合ってもらい、以後後見人の役割を果たす人を指すこの語をあてました）はその子の才能や特質を理解し、あるいは贈り物として願ってくれ、それがうまく育つように援助してくれる、保護者であり指導者であるのです。代父母と子の結びつきは本当の親子より強いとも言われます。確かに継母や姉たちにいじめられているサンドリヨンには父親もいるのに、妻に頭が上がらないので訴えても無駄だったと書いてあります。おとぎ話の中の困ったとき出て来て、魔法の杖で助けてくれる仙女の代母、もしかすると私たちにもいるのかもしれません。
　けれどこの仙女である代母も、本当にいよいよというと

シンデレラ

きしか登場しないし、万能ではないのです。サンドリヨンでは12時には魔法が解けて元に戻ってしまうし、錘で怪我をした王女は100年眠らなければならないし、リケも、本人が心底望まなければ相手を変えることができません。おとぎ話といっても何もかも魔法でうまく行くわけではないのですね。

　気になっているのは、ガラスの靴というのが想像では華奢なピンヒールのパンプス、あるいはダンスシューズのはずなのですが、pantoufles de verreとなっていて（原文も）、辞書を引くと、これではスリッパ、室内履きではないのかということです。岩波文庫版の注釈に「室内履きのように、かかとを覆い隠さない靴のこと」とありました。だからぴったりの靴でも脱げてしまったのですね。けれどそんな靴でダンスを踊るというのが、まだ少しピンと来ません。

　むしろフランスで昔から問題になっていたのは、ガラスの方で、バルザックなどは、verre は間違いで vair リスの毛皮だと断言し、その説が有力だった時代もあったようです。しかし、他の国の伝承でもガラスの靴となっていること、博識のペローがそんなことを間違えるはずがないこと、そして決め手として、どう考えても毛皮の靴よりロマンティックなことから、議論は納まったとか。

　はるか昔の物語といいながら、サンドリヨンのお姉さんたちの支度は髪型や付け黒子など、さりげなく17世紀末宮廷の華やかなモードが取り入れられています。舞踏会の場面はヴェルサイユ宮殿を思い浮かべればいいでしょう。そこに毛皮の靴は、やはりないように思われます。

シャルル・ペローのおとぎ話

Il était une fois un homme qui épousa en secondes noces une femme très fière et **hautaine**. Cette femme avait deux filles qui étaient exactement comme leur mère. **De son côté**, le mari avait de son premier mariage une jeune fille très douce, belle, et gentille.

Après les noces, la belle-mère **fit éclater sa mauvaise humeur**. Elle détestait cette jeune fille car ses bonnes qualités rendaient ses filles encore plus haïssables.

La belle-mère chargea la pauvre fille des plus **viles** occupations de la maison. Elle nettoyait la vaisselle et frottait les chambres. Elle couchait dans un **grenier**. La pauvre fille **endurait** tout avec patience.

Lorsque cette pauvre fille avait fait son ouvrage, elle allait se mettre **au coin de** la cheminée et s'asseoir dans les **cendres**. Donc on l'appelait **Cucendron**. La fille cadette de la belle-mère (qui était un peu moins mauvaise que la fille aînée) l'appelait **Cendrillon**.

Cendrillon, Ou La Petite Pantoufle De Verre
シンデレラ

Cependant Cendrillon, avec ses **vilains** habits, était **toujours** cent fois plus belle que ses sœurs.

❧ mots-clés et expressions utiles

- □ hautain, e 傲慢な、横柄な
- □ de son côté, A 〜 Aとしては〜
- □ faire éclater sa mauvaise humeur 不機嫌を爆発させる
- □ vil, e 値打ちのない、卑しい
- □ grenier *n.m.* 屋根裏部屋
- □ endurer 苦しむ、我慢する
- □ au coin de A Aの隅に
- □ cendres *n.f.* 灰
- □ Cucendron キュサンドロン。灰にまみれた汚い女
- □ Cendrillon サンドリヨン、シンデレラ。火床の番をして灰に汚れた飯炊き娘
- □ **vilain, e** みすぼらしい
- □ **toujours** とはいえ、それでも

Il arriva que le fils du roi **donna un bal**. Les deux filles de la belle mère en étaient ravies. Elles étaient très **occupées** à choisir les habits et les **coiffures** pour le bal. Les sœurs appelèrent Cendrillon pour lui demander son avis, car elle avait bon **goût**. La gentille Cendrillon les conseilla le mieux du monde et **s'offrit** à les **coiffer**.

En les coiffant, les sœurs disaient à Cendrillon : « Cendrillon, voudrais-tu aller au bal ? »

« Hélas, mesdemoiselles », dit Cendrillon. « Vous vous **moquez de** moi. Ce n'est pas là ma place. »

« Tu **as raison** », dit la fille aînée. « On rirait bien si on voyait un Cucendron aller au bal. »

Enfin l'heureux jour du bal arriva. On partit, et Cendrillon était seule. Elle se mit à pleurer. Sa marraine, qui était une fée, lui demanda ce qu'elle avait : « Tu voudrais bien

Cendrillon, Ou La Petite Pantoufle De Verre
シンデレラ

aller au bal, n'est-ce pas ? »

« Hélas ! oui », dit Cendrillon en soupirant.

« Hé bien, je t'y ferai aller », dit sa marraine. Elle la mena dans sa chambre et lui dit : « Va dans le jardin et apporte-moi une citrouille. »

Cendrillon alla trouver une très belle **citrouille** et la porta à sa marraine.

✢ mots-clés et expressions utiles

☐ donner un bal 舞踏会を催す
☐ occupé, e à +*inf.* 〜するのに忙しい
☐ coiffure *n.f.* 調髪、髪を結うこと
☐ goût *n.m.* 好み、趣味
☐ s'offrir à +*inf.* 〜することを申し出る
☐ coiffer 髪を整える
☐ se moquer de A Aをからかう
☐ avoir raison 正しい
☐ citrouille *n.f.* カボチャ

Sa marraine la **frappa de sa baguette**, et la citrouille fut aussitôt changée en un beau carrosse tout **doré**.

Ensuite la marraine trouva six souris. Elle frappa les souris de sa baguette, et elles étaient aussitôt changées en de beaux chevaux pour le carrosse.

Ensuite la marraine trouva un rat. Elle frappa ce rat de sa baguette, et il était aussitôt changé en un **cocher** pour le carrosse.

La marraine dit alors à Cendrillon : « Tu devrais avoir d'autres habits. » Elle toucha Cendrillon avec sa baguette, et ses vilains habits étaient **aussitôt** changés en des habits de drap d'or. Sa marraine lui donna aussi une paire de **pantoufles** de verre, les plus jolies du monde.

Cendrillon monta en carrosse. Mais sa marraine lui recommanda de ne pas dépasser minuit : « Si tu demeures au bal après minuit, ton carrosse **redeviendra** citrouille,

シンデレラ

tes chevaux redeviendront souris, ton cocher redeviendra rat, et tes habits redeviendront vieux et vilains. » Cendrillon promit tout à sa marraine, et elle partit.

❧ mots-clés et expressions utiles

- [ ] frapper A de sa baguette Aを杖でたたく
- [ ] doré, e 金色の
- [ ] cocher *n.m.* 御者
- [ ] aussitôt すぐに
- [ ] pantoufle *n.f.* 室内ばきの靴
- [ ] redevenir A 再びAになる

Quand Cendrillon arriva au bal, le fils du roi lui donna la main. Il la mena dans la salle où était la compagnie. Il se fit alors un grand silence. On cessa de danser, tant on était attentif à **contempler** les grandes beautés de cette inconnue. On n'entendait qu'un bruit **confus** : « Ah, qu'elle est belle ! »

Le fils du roi mit Cendrillon à la place la plus **honorable**. Ensuite il la prit pour la mener danser. Elle dansa avec tant de **grâce** que le fils du roi l'admira encore davantage.

Enfin Cendrillon entendit sonner onze heures trois quarts. Elle fit aussitôt une grande révérence à la compagnie, et s'en alla vivement. Quand Cendrillon arriva chez elle, elle remercia sa marraine et lui dit : « Chère marraine, je souhaiterais bien aller encore demain soir au bal. Le fils du roi m'en a **priée**. »

Bientôt **les filles de la belle-mère** frappèrent à la porte. Cendrillon alla leur ouvrir.

シンデレラ

« Le bal était magnifique ! », dirent les filles à Cendrillon. « Il était venu la plus belle princesse. On ne la connaissait pas, mais le fils du roi donnerait toutes choses au monde pour savoir qui elle est. »

Cendrillon **sourit** et leur dit : « Elle était donc si belle ? Mon Dieu, que vous devez être heureuses. Ne pourrais-je point la voir ? **Hélas !** »

❧ mots-clés et expressions utiles

- ☐ contempler じっくりと見る
- ☐ confus, e 雑然とした、混乱した
- ☐ honorable 名誉ある
- ☐ grâce *n.f.* 優美、気品
- ☐ prier A de +*inf.* Aに〜するよう頼む、招待する。ここでは、enは d'aller demain soir au balを指す
- ☐ les filles de la belle-mère 義母の娘たち
- ☐ sourire 微笑む
- ☐ hélas ! ああ残念！

シャルル・ペローのおとぎ話

Le lendemain les deux sœurs furent au bal, et Cendrillon aussi. Le fils du roi était toujours avec elle. Il était fort amoureux de cette belle inconnue.

Cendrillon s'amusa beaucoup au bal. Elle oublia donc ce que sa marraine lui avait recommandé, et quand elle entendit sonner le premier coup de minuit, elle se leva et s'enfuit. Le prince la suivit, mais il ne put pas la rattraper. Dans sa fuite, Cendrillon laissa tomber une de ses pantoufles de verre, que le prince **ramassa** bien **soigneusement**.

Cendrillon arriva chez elle sans carrosse, sans chevaux, et avec ses vilains habits. Mais elle avait encore une de ses petites pantoufles, pareille à celle qu'elle avait laissé tomber.

Quand ses deux sœurs revinrent du bal, Cendrillon leur demanda si la belle dame y avait été. Elles lui dirent que oui, mais qu'elle s'était enfuie à minuit. « Elle a laissé tomber une de ses petites pantoufles de verre », dirent

シンデレラ

les sœurs. « Le fils du roi l'a ramassée et l'a **regardée** pendant tout le reste du bal. »

Peu de jours après, le fils du roi fit **publier** qu'il épouserait celle dont le pied serait bien juste à la pantoufle. On commença à l'essayer à toutes les filles du pays : les princesses, les duchesses, et à toute la Cour. On apporta la pantoufle chez les deux sœurs aussi. Cendrillon reconnut sa pantoufle et dit en riant :

❧ *mots-clés et expressions utiles* ───────

☐ ramasser 拾いあげる
☐ soigneusement 念入りに、丁寧に
☐ regarder 見る、眺める
☐ publier 公表する

« Je voudrais l'essayer aussi, s'il vous plaît. »

Ses sœurs **se mirent** à rire et à se moquer d'elle. Mais le gentilhomme qui faisait l'essai de la pantoufle dit : « Cela est juste. J'ai ordre de l'essayer à toutes les filles. »

Le gentilhomme fit asseoir Cendrillon, et elle commença à essayer la pantoufle. Son petit pied était bien **juste** ! L'**étonnement** des deux sœurs fut grand, mais plus grand encore quand Cendrillon tira de sa poche l'autre petite pantoufle, qu'elle mit à son pied.

À ce moment-là, la marraine de Cendrillon arriva. Elle donna un coup de baguette sur les habits de Cendrillon. Ils furent aussitôt changés en de magnifiques habits.

Alors ses deux sœurs la reconnurent pour la belle princesse qu'elles avaient vue au bal. Elles se jetèrent à ses pieds pour lui demander pardon. Cendrillon releva ses sœurs, et les embrassa. Elle leur dit qu'elle leur pardonnait de bon cœur.

Cendrillon, Ou La Petite Pantoufle De Verre

シンデレラ

On mena Cendrillon chez le jeune prince. Il la trouva encore plus belle que jamais. Peu de jours après, le prince l'épousa. Cendrillon, qui était aussi bonne que belle, maria ses deux sœurs à deux grands seigneurs de la cour.

❧ mots-clés et expressions utiles

- [ ] se mettre à +*inf.* 〜しはじめる
- [ ] juste 正しい、ちょうど良い
- [ ] étonnement *n.m.* 驚き

Riquet À La Houppe
巻き毛のリケ

シャルル・ペローのおとぎ話

恋の力

　『巻き毛のリケ』の houppe は巻き毛、房になった毛のことですが、語源的にはオランダ語で希望、とか山を意味し、フランス語になって高い位置を意味するようになったそうです。ですから知的で精神的に高い状態にあること、天賦の才に満ちあふれていることを表わし、Riquet の方は riche にも通じる「富んだ、パワーがある」と解されるということで（ただし英語で、くる病を意味する rickety に相当するノルマンディー方言に由来し、背骨が曲がった様子を表わしているのだ、という説も存在するそうです）これからみると、ペローは巻き毛のリケをとても評価しているように取れます。

　この物語でおもしろいと思われるのは、確かに客観的に外面を評価して美しいとか、醜いとか言っているところもありますが、結局は主観的にどう見えるかが大切だと言っていることです。妹王女の醜さを心配する王妃に対し、仙女は「心配はいりません、才気の豊かさで補ってあまりあるので誰も彼女の醜さには気づかないでしょう」と答えていますし、最後の場面でも王女が望むと、リケは「美しくなった」、のではなく「彼女の眼に世界一美しい男と見えた parut à ses yeux l'homme le plus beau et le plus aimable du monde」と表現されています。愛を得た自信が、彼を輝かせたのかもしれません。

　そしてペローは、この変化が魔力によるのではなく、王女はリケの心や知性を愛するようになったので、容貌の欠

巻き毛のリケ

点もすべて魅力あるものとしか見えなくなったのだ、と確信している人たちもいると続けています。王女の父王もそれがわかっていたので結婚を許したと。

　王女の才知についても、もしかすると同じようなことが言えるかもしれません。ふたりが初めて森の中で出会ったとき、自分は頭が悪いと嘆く王女に対して、リケは「才知がないと思い込んでいることが、才知のあるなによりの証拠」と含蓄のある言葉で励ましています。王女はリケに会ってから急に頭が冴えて来たといいますが、それはリケの言葉に刺激されて考え方が変わったせいかもしれません。

　そして教訓は、この話は作り話というより真実そのもの、愛する者にあってはすべてが美しく、愛するものはすべてひらめきを持つ、恋こそは人の心を動かす、ということです。

　ところで醜くて賢い妹王女の方はどうなったのでしょう。ハンサムで賢くない王子さまに出会ったでしょうか。それとも自分に似た人との間に幸せを見つけたでしょうか。ペローがあちこちで繰り返し、親は自分に似た子を愛する、人は自分に似た人を愛する（on aime naturellement son semblable）と言っているのも気になります。

シャルル・ペローのおとぎ話

Il était une fois une reine. Elle **accoucha** d'un fils très laid. La reine était triste, mais une fée qui se trouvait là à sa naissance dit :

« Votre fils est laid, mais il sera aimable, parce qu'il aura beaucoup d'**esprit**. **De plus**, je lui fais le don de pouvoir donner autant d'esprit à la personne qu'il aimera le mieux. »

Tout cela consola un peu la pauvre reine. Son fils disait mille jolies choses, et on en était charmé. (Je dois dire qu'il avait une petite **houppe** de cheveux sur la tête. Donc on le nomma Riquet à la Houppe, car Riquet était le nom de la famille.)

Au bout de quelques ans, la reine d'un royaume voisin accoucha de deux filles. La première fille était très belle, mais elle n'avait pas d'esprit. Elle était aussi **stupide** qu'elle était belle. La seconde fille était très laide, mais elle avait beaucoup d'esprit.

Cette reine était triste, mais une fée (la même que celle qui avait assisté à la naissance

Riquet À La Houppe
巻き毛のリケ

du petit Riquet à la Houppe) dit :

« Votre fille aînée n'a pas d'esprit, c'est vrai. Mais je lui fais le don de pouvoir rendre beau ou belle la personne qui lui plaira. »

« Pourriez-vous faire quelque chose pour la fille cadette ? », dit la reine. « Elle est si laide ! »

« Ne **vous affligez** pas, madame. Votre fille cadette n'est pas belle, c'est vrai. Mais elle aura tant d'esprit qu'on ne s'apercevra presque pas qu'il lui manque de la beauté. »

❧ mots-clés et expressions utiles

- □ accoucher de A Aを産む
- □ esprit *n.m.* 才気、知性
- □ de plus そのうえ、さらに
- □ houppe *n.f.* 巻き毛
- □ stupide 愚かな
- □ s'affliger 悲しむ

À **mesure que** ces deux princesses grandirent, leurs perfections **crûrent** aussi avec elles. On parlait partout de la beauté de l'aînée et de l'esprit de la cadette. Mais leurs **défauts** crûrent beaucoup avec l'âge aussi. La cadette **enlaidissait** chaque jour, et l'aînée devenait plus stupide **de jour en jour**.

On pense que la beauté est un grand avantage, mais ce n'est pas toujours vrai. En fait, la cadette **avait l'avantage sur** sa sœur aînée dans toutes les compagnies. D'abord on allait du côté de la plus belle pour l'admirer, mais peu après on allait à celle qui avait le plus d'esprit pour l'entendre dire mille choses agréables.

L'aînée le remarqua bien. Elle aurait **donné** toute sa beauté **pour** avoir l'esprit de sa sœur cadette. Souvent elle voulait mourir de douleur.

Un jour cette pauvre princesse était très triste. Elle alla dans un bois pour **plaindre**

巻き毛のリケ

son malheur. Dans le **bois**, elle rencontra un petit homme très **laid**. C'était le jeune prince Riquet à la Houppe. Il était amoureux de la princesse.

Riquet à la Houppe remarqua que la princesse était triste. Il dit :

« Pourquoi êtes-vous triste, mademoiselle ? Vous êtes si belle ! Je ne comprends pas comment vous pouvez être triste. La beauté est un si grand avantage. Vous devriez toujours être heureuse ! »

❧ mots-clés et expressions utiles

☐ à mesure que 〜 〜につれて
☐ croître 増大する
☐ défaut *n.m.* 欠陥
☐ enlaidir 醜くなる
☐ de jour en jour 日ごとに
☐ avoir l'avantage sur A Aに勝っている
☐ donner A pour B AをBと交換する
☐ plaindre 嘆く
☐ bois *n.m.* 森
☐ laid, e 醜い

« J'aimerais mieux être laide, comme vous, et avoir de l'esprit », dit la princesse. « Je suis fort bête, et c'est pourquoi je suis triste. »

« Je peux vous aider, chère madame », dit Riquet à la Houppe. « J'ai le pouvoir de donner de l'esprit à la personne que je dois aimer le plus … et je vous aime. Si vous voulez m'épouser, je vous donnerai de l'esprit. »

La princesse avait si peu d'esprit qu'elle ne savait quoi dire.

Riquet à la Houppe reprit : « Je vois que cette proposition vous fait de la peine. Donc je vous donne un an tout entier pour vous y résoudre. »

La pauvre princesse accepta la proposition, et à ce moment, elle **se sentit** toute différente. Tout d'un coup, elle était intelligente. Elle commença une conversation **galante** et spirituelle avec Riquet à la Houppe. Elle se sentit plein d'esprit.

La princesse retourna au palais. Le roi,

la reine, et toute la cour étaient heureux parce que la princesse était si différente. Elle ne disait que des choses bien sensées et spirituelles.

Au bout de douze mois, la princesse alla se promener dans le bois. Riquet à la Houppe se présenta à elle.

« C'est le jour de notre mariage », dit-il. « Vous me rendrez le plus heureux de tous les hommes. »

❧ mots-clés et expressions utiles

☐ se sentir 催す、感じる
☐ galant, e 親切な、恋愛の
☐ au bout de A Aの後で

« Hélas », dit la princesse. « je ne peux pas vous épouser. Quand j'étais bête, je ne pouvais déjà pas me **résoudre à** vous épouser. Maintenant que j'ai de l'esprit, cet esprit me rend plus **méfiante** envers les gens. Je ne peux pas prendre une telle résolution. »

« À part ma laideur, y a-t-il quelque chose en moi qui vous déplaise ? »

« Non », dit la princesse. « Je suis contente de votre naissance, de votre esprit, de votre humeur, et de vos **manières**. »

« Si cela est vrai », dit Riquet à la Houppe. « je vais être heureux, parce que vous pouvez me rendre le plus aimable de tous les hommes. »

« Mais comment ? », lui demanda la princesse.

« Le jour de votre naissance, ma fée vous a fait le don de pouvoir rendre beau celui que vous aimerez. Vous pouvez donc me rendre beau, si vous le désirez. »

Riquet À La Houppe
巻き毛のリケ

« Je souhaite de tout mon cœur que vous deveniez le prince le plus beau et le plus aimable du monde », dit la princesse.

À cet instant, Riquet à la Houppe parut à ses yeux l'homme le plus beau et le plus aimable du monde. La princesse promit de l'épouser, et les noces furent faites dès le lendemain.

❧ mots-clés et expressions utiles

☐ se résoudre à +*inf.* 〜することを決心する
☐ méfiant, e 用心深い
☐ manières *pl. f.* 態度、物腰

Le Petit Poucet

親指小僧

シャルル・ペローのおとぎ話

ちびが家族を救った

　この物語の教訓は、子だくさんを嘆くにはあたらない、しかもその中にひ弱で無口な子供がいると、その子を困りものだと思うだろうが、時にはこのちびの出来そこないこそが、家族の幸福を生みだしてくれるのだから、というものです。

　というのは、この7人目の小さな子供、親指小僧は、ひどく小さいだけでなくあまり話さなかったので、思慮深いことも心が優しいことも理解してもらえず、両親には頭が悪いのだと悲観されていた、ということになっています。家族の中のいじめられ役で、なにか悪いことがあると全部その子のせいにされていたのが、最後には一家を救うことになるのです。

　親指小僧の家は、貧しいきこりの一家ですが、この頃は1660、1661、1662、1675年と飢饉が続き、1693年の飢饉では疫病も流行って、非常に苦しい家庭というのも昔の話ではなく、現実的な問題だったでしょう。ただ、官僚だったペローの目は意外と厳しいようです。子供を森に置き去りにして来たきこりが家に帰ると、たまたま、もうあきらめていた貸金を返してもらったので、それで必要な量の3倍もの肉を買ったというのです。存分に食べ、満腹した後、妻がくどくどと後悔し始め、夫はそれをうるさく思い始めた頃、妻が大声で「ああ、子供たちは今どこにいるのかしら」と言ったのを聞いて子供たちが家の中に駆け込みまし

親指小僧

た。子供たちも、家にたどり着いたものの、中に入っていいかどうか迷っていたのです。

そのときは再会を大喜びしても、無策ではまた同じことの繰り返しではないか、親指小僧のような賢さがなければ、と言っているように思われます。

ところで、人食い鬼は悪いとしても、騙して全財産を取り上げてしまうなんて、親切にしてくれた人食い鬼の妻に対して、ひどい仕打ちだと思いませんでしたか。そこでペローは、こう主張する人もいる、と言って、人食い鬼の財産を騙し取ったのではなく、7里靴を使って自分で稼いだという別の話を付けくわえています。才覚のある親指小僧のことですから、宮廷へ出かけて行って、遠く（200里）離れた戦場に出ている軍隊の様子などを報告したり、手紙を預かって届けたりしましょうと売り込んだというのです。王様の命令を軍隊に伝えたり、ご婦人方に恋人の近況を知らせたりする仕事は実入りが良かったけれど、戦場にいる夫に宛てた手紙を出す妻たちは出費をけちったので、あまり儲からなかった、などと皮肉を効かせています。

またここでも同時代の現実を反映させていて、王様はルイ14世、戦争はアウグスブルク同盟戦争（1688–1697）、200里（800キロ）離れた戦場とはピエモンテ地方のラ・マルサイユの戦いを指すものと考えられるそうです。

シャルル・ペローのおとぎ話

Il était une fois un **bûcheron** et une bûcheronne qui avaient sept enfants. Les enfants étaient tous des garçons. La famille était très pauvre. Il n'y avait souvent pas assez à manger.

Le plus jeune enfant était fort petit. Quand il **vint au monde**, il n'était **guère** plus gros que le pouce. On l'appela donc le Petit Poucet. Cet enfant était petit, mais il était aussi très fin et le plus **avisé** de tous ses frères. **S'il parlait peu**, il écoutait beaucoup.

Un soir le bûcheron avait le cœur **serré** de douleur. Il dit à sa femme : « Nous ne pouvons plus **nourrir** nos enfants. Je ne veux pas les voir mourir de faim devant mes yeux. Donc je suis résolu de les mener se perdre demain au bois. »

Sa femme était très triste parce qu'elle aimait ses enfants. Mais elle ne voulait pas les voir mourir de faim non plus. Alors elle consentit et alla se coucher en pleurant.

Le Petit Poucet

親指小僧

Le Petit Poucet entendit tout ce qu'ils disaient. Il alla se recoucher, mais il ne dormit pas le reste de la nuit. Il **se leva** très tôt et alla **au bord** d'un ruisseau. Là, il **emplit** ses poches de petits **cailloux** blancs. Ensuite il revint à la maison.

❧ mots-clés et expressions utiles

- □ bûcheron, ne *n.* 木こり
- □ venir au monde 生まれる
- □ ne 〜 guère ほとんど〜ない
- □ avisé, e 思慮深い、当を得た
- □ S'il parlait peu 彼は少ししか話さなかったにしても
- □ serrer 締めつける
- □ nourrir 食物を与える
- □ se lever 起床する
- □ au bord de A Aのほとりで
- □ emplir たくさん詰める
- □ caillou (*pl.* x) *n.m.* 小石

Le bûcheron et sa femme allèrent dans le bois avec leurs enfants. « Je vais couper du bois. Mes enfants, ramassez les **brindilles**, s'il vous plaît », dit le bûcheron. Puis le père et la mère **s'éloignèrent** d'eux peu à peu et puis s'enfuirent.

Lorsque ces enfants virent qu'ils étaient seuls, ils se mirent à pleurer. Mais le Petit Poucet était **calme**. En marchant, il avait **laissé tomber le long du** chemin les petits cailloux blancs qu'il avait dans ses poches. Il dit aux frères :

« Ne pleurez pas, mes frères. Je vais vous mener à notre maison. Suivez-moi ! »

Ses frères le suivirent, et le Petit Poucet les mena à la maison.

Sur le moment, le bûcheron et sa femme furent **ravis de** revoir leurs enfants avec eux. Mais la famille était toujours très pauvre, et il n'y avait pas assez à manger. Donc le bûcheron fut résolu encore une fois à mener se perdre les

Le Petit Poucet
親指小僧

enfants au bois. « Cette fois je vais les mener plus loin que la première fois », se dit le père.

Le Petit Poucet entendit tout. Mais cette fois, il ne put aller chercher de petits cailloux parce que la porte de la maison était **fermée à double tour**.

Mais sa mère leur donna un morceau de pain pour le déjeuner. « Je peux me servir de mon pain au lieu de cailloux », pensa le Petit Poucet. « Je jetterai des **miettes** de pain le long du chemin. »

❧ mots-clés et expressions utiles

- □ brindille *n.f.* 小枝
- □ s'éloigner de A Aから遠ざかる、離れる
- □ calme 穏やかな
- □ laisser tomber 落とす
- □ le long de A Aに沿って
- □ sur le moment 即座に
- □ ravi, e de +*inf.* 〜してとてもうれしい
- □ fermer la porte à double tour 厳重に戸締まりをする
- □ miette *n.f.* パンや菓子などのかけら

シャルル・ペローのおとぎ話

Ainsi le père et la mère allèrent perdre les enfants dans le bois encore une fois. Lorsque les enfants se retrouvèrent seuls, ils se mirent à pleurer de nouveau. Mais le Petit Poucet était calme. En marchant, il avait laissé tomber les miettes de pain qu'il avait dans ses poches. Mais cette fois il fut bien surpris : il ne put pas retrouver une seule miette de pain. Les oiseaux les avaient toutes mangées !

Le Petit Poucet et ses frères étaient donc bien affligés. Mais le Petit Poucet dit, « Ne pleurez pas, mes frères. Suivez-moi. »

Ses frères le suivirent, et ayant marché quelque temps, le Petit Poucet les mena à une petite maison cachée dans le bois. Ils frappèrent à la porte, et une bonne femme vint leur ouvrir.

Le Petit Poucet dit à la femme qu'ils étaient de pauvres enfants perdus dans le bois, et qui demandaient à coucher par charité. Cette bonne femme se mit à pleurer et leur dit :

« Hélas, mes pauvres enfants ! Savez-vous seulement que c'est ici la maison d'un ogre qui mange les enfants ? »

« Hélas, madame ! », dit le Petit Poucet. « Que ferons-nous ? Les loups du bois nous mangerons cette nuit, si vous ne voulez pas nous recueillir chez vous ! Peut-être que Monsieur l'ogre aura pitié de nous, si vous voulez bien l'en prier. »

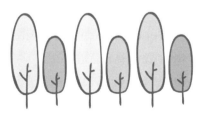

Cette bonne femme (qui était la femme de l'ogre) crut qu'elle pourrait cacher le Petit Poucet et ses frères à son mari. « Entrez », dit-elle. « Je vais vous cacher sous le lit. »

Puis l'ogre revint à la maison et se mit à table. « Est-ce que je sens de la chair fraîche ? », demanda-t-il.

« Non », dit sa femme. « Peut-être que vous sentez les deux moutons que je viens de **préparer.** »

« Non, je sens de la chair fraîche ! », dit l'ogre. En disant ces mots, il alla au lit et trouva les enfants cachés.

« **Maudite** femme ! », dit l'ogre. « Voilà donc comme tu veux me tromper ! Mais je mangerai ces enfants demain avec une bonne sauce. »

L'ogre alla prendre un grand couteau pour les tuer, lorsque sa femme lui dit :

« Que voulez-vous faire à l'heure qu'il est ? Vous pouvez les tuer demain matin. Vous avez

Le Petit Poucet
親指小僧

encore tant de viande : deux moutons, un **veau**, et un cochon ! »

« Tu as raison », dit l'ogre. « Je vais le faire demain. Va les coucher. »

La bonne femme fut ravie de joie, et elle les mena se coucher. Quant à l'ogre, il se mit à boire. Il fut ravi d'avoir ces enfants tendres et délicieux à manger. Il but beaucoup de vin, et cela l'**obligea** à aller se coucher.

❧ mots-clés et expressions utiles

- □ préparer 下ごしらえをする
- □ maudit, e 呪われた、裏切り者の
- □ veau *n.m.* 子牛
- □ obliger A de +*inf.* Aに〜することを強いる

シャルル・ペローのおとぎ話

L'ogre avait sept filles, qui n'étaient encore que des enfants. On les avait couchées de bonne heure. Elles étaient toutes sept dans un grand lit. Chacune avait une petite **couronne** d'or sur la tête. Il y avait un deuxième lit dans la même chambre, et c'était là que la femme de l'ogre mit à coucher le Petit Poucet et ses frères.

Le Petit Poucet remarqua les sept couronnes des petites ogresses. Il se leva donc dans la nuit et alla tout doucement prendre les couronnes. Il mit les couronnes sur la tête de ses frères, et il mit les bonnets de ses frères sur la tête des sept filles de l'ogre. « L'ogre va nous prendre pour ses filles, et il va **prendre** ses filles **pour** nous, les garçons qu'il veut **égorger** », se dit-il.

La chose réussit comme il l'avait pensé. Pendant la nuit, l'ogre se jeta hors de son lit et prit son grand couteau. Il monta à la chambre et s'approcha du lit où étaient les

親指小僧

petits garçons. L'ogre tâtait la tête des garçons et sentit les couronnes d'or. « Ce sont mes filles », se dit-il. « J'allais faire là un bel ouvrage ! Je vois bien que j'ai bu trop hier soir. »

Il alla ensuite au lit de ses filles. Il sentit les petits bonnets des garçons et dit : « Ah, les voilà, ces garçons ! Je vais bien manger demain ! »

En disant ces mots, il coupa la gorge à ses sept filles. Très content, il alla se recoucher auprès de sa femme.

❧ mots-clés et expressions utiles

☐ couronne *n.f.* 冠
☐ prendre A pour B AをBとみなす、取り違える
☐ égorger のどを切って殺す

Aussi vite que possible, Le Petit Poucet réveilla ses frères. « Suivez-moi, mais doucement ! » Ils descendirent dans le jardin et **sautèrent par-dessus les murs**. Après avoir couru presque toute la nuit, ils arrivèrent au chemin qui n'était plus qu'à cent pas de la maison de leur famille.

Au matin l'ogre dit à sa femme : « Va chercher ces petits garçons. »

La femme monta à la chambre. Là, elle fut bien surprise lorsqu'elle aperçut ses sept filles égorgées ! La pauvre femme s'évanouit.

Puis l'ogre monta à la chambre pour l'aider. Il était bien surpris aussi lorsqu'il vit cet affreux spectacle.

« Ah ! qu'ai-je fait ? », dit-il. « Ces petits garçons me le **payeront**, les malheureux ! »

Il jeta de l'eau sur le nez de sa femme pour la faire revenir à elle. Il lui dit :

« Donne-moi vite mes bottes de sept lieues. Je vais attraper ces garçons ! »

Le Petit Poucet
親指小僧

　Grâce à ses bottes de sept lieues, l'ogre courut vite. Il alla **de montagne en montagne**, et il se trouva **en peu de temps** au même chemin, très **proche de** la maison du Petit Poucet et sa famille.

　L'ogre était très fatigué (parce que ces bottes **fatiguent** fort leur homme) et voulut se reposer. Par hasard, il s'endormit près d'un rocher où les petits garçons s'étaient cachés.

❧ mots-clés et expressions utiles

- □ sauter par-dessus les murs いくつもの塀を飛び越える
- □ payer 報いる、お返しする
- □ de montagne en montagne 山から山へ
- □ en peu de temps ほんのわずかの時間で
- □ proche de A Aの近くに
- □ fatiguer 疲れさせる

Le Petit Poucet s'approcha de l'ogre endormi. Il lui tira doucement ses bottes et les mit. Les bottes étaient fort grandes et larges, mais comme elles étaient enchantées, elles s'adaptèrent justes aux pieds du Petit Poucet.

Le Petit Poucet alla à la maison de l'ogre. Il trouva la femme de l'ogre qui pleurait auprès de ses filles mortes.

« Votre mari est en grand danger », dit le Petit Poucet. « Il a été pris par des voleurs. Les voleurs le tueront s'il ne leur donne tout son argent. Votre mari m'a prié de vous venir **avertir** de cela. Donnez-moi tout son argent, parce qu'**autrement** les voleurs le tueront. **Comme la chose presse** beaucoup, votre mari m'a donné ses bottes de sept lieues. »

La bonne femme fut très effrayée. Elle donna donc au Petit Poucet tout l'argent de l'ogre.

Portant toujours les bottes de sept lieues, le Petit Poucet revint à la maison de sa famille.

親指小僧

Son père, sa mère, et tous ses frères furent ravis de le revoir. Avec toute la richesse de l'ogre, le Petit Poucet fit le bonheur de toute la famille.

❧ mots-clés et expressions utiles

- [ ] avertir 警告する
- [ ] autrement さもなければ
- [ ] comme la chose presse 事は急を要するので

Les Contes de Fées de Charles Perrault

シャルル・ペローのおとぎ話

a

- accoucher de A Aを産む *13, 97*
- à chaque parole 言葉を発するたびに *71*
- aîné, e *n.* 長男、長女 *71*
- aisément たやすく *25*
- à mesure que ～ ～につれて *99*
- amourette *n.f.* 一時の恋 *23*
- âne *n.m.* ロバ *57*
- apaiser なだめる *45*
- apporter 持ってくる *29*
- assouvrir （欲求などを）満足させる *25*
- assurer 断言する *63*
- au bord de A Aのほとりで *109*
- au bout de A Aの後で *15, 101*
- au coin de A Aの隅に *81*
- au lieu de ～ ～の代わりに *15*
- aumônier *n.m.* 司祭、牧師 *23*
- auprès de A Aのそばに *47*
- Au secours! 助けてくれ！ *59*
- aussitôt すぐに *85*
- autrement さもなければ *121*
- avant-cour *n.f.* 前庭 *21*
- avertir 警告する *121*
- avisé, e 思慮深い、当を得た *109*
- avoir besoin de A Aを必要とする（ここではen=de vous） *19*
- avoir envie de +*inf.* ～したい *35*
- avoir l'avantage sur A Aに勝っている *99*
- avoir peur 恐れる *27*
- avoir raison 正しい *83*
- avouer 告白する *63*

b

- baptême *n.m.* 洗礼、祝い *13*
- battre 殴る、打ち負かす *75*
- biche *n.f.* 雌鹿 *27*
- bien *n.m.* 財産 *57*
- bois *n.m.* 森 *99*
- brindille *n.f.* 小枝 *111*
- broussaille *n.f.* 茂み *57*
- brutal, ale 乱暴な、粗暴な *75*
- bûcheron, ne *n.* 木こり *109*

c

- cadet, te *n.* 第二子以下の子 *71*
- caillou (*pl.* x) *n.m.* 小石 *109*
- calme 穏やかな *111*
- capitaine *n.m.* 大尉 *51*
- carrosse *n.m.* 豪華な四輪馬車 *65*
- cendres *n.f.* 灰 *81*
- Cendrillon サンドリヨン、シンデレラ。火床の番をして灰に汚れた飯炊き娘 *81*
- changer A en B AをBに変える *63*
- charge *n.f.* 負担、税負担 *51*
- charger A de +*inf.* Aに～する担当をまかせる *59*
- chasser 追い立てる *75*
- citrouille *n.f.* カボチャ *83*
- cocher *n.m.* 御者 *85*
- coiffer 髪を整える *83*
- coiffure *n.f.* 調髪、髪を結ぶこと *83*
- comme la chose presse 事は急を要するので *121*
- commence à +*inf.* ～しはじめる *15*
- confus, e 雑然とした、混乱した *87*

Mot et index de l'expression

語句索引

- conseiller 勧める 59
- contempler じっくりと見る 87
- conter 語る、話す 75
- couronne *n.f.* 冠 117
- coutelas *n.m.* 大包丁 51
- crapaud *n.m.* ヒキガエル 29, 75
- croître 増大する 99
- Cucendron キュサンドロン。灰にまみれた汚い女 81
- cuve *n.f.* 桶 29

d

- de ce côté-ci こちら側に 49
- declarer 表明する、宣言する 25
- défaut *n.m.* 欠陥 99
- defender A de +*inf.* Aが〜するのを禁止する 45
- de jour en jour 日ごとに 99
- de la part de A Aの方から 59
- demander A en mariage Aに結婚を申し込む 43
- demander pardon à A Aに許しを乞う 73
- demeurer à A Aに住む 21
- demeurer 住む 35
- de montagne en montagne 山から山へ 119
- dépendance *n.f.* 属領 63
- de plus そのうえ、さらに 97
- derrière A Aの後ろに 13
- désagréable 不愉快な 71
- de son côté, A 〜 Aとしては〜 81
- détester 嫌う 71
- de toute sa force 力の限りをふりしぼって 59
- deux fois par jour 日に2回 71

- devoir *n.m.* 義務、するべきこと 27
- Dieu soit loué. 神の讃えられんことを！ ありがたい！ 49
- donner A pour B AをBと交換する 99
- donner un bal 舞踏会を催す 83
- don *n.m.* 贈り物、天の恵み 15
- doré, e 金色の 85
- d'un air posé et sérieux 落ち着いた、真面目な様子で 57

e

- échevelé, e 混乱した、髪の乱れた 51
- edit *n.m.* 勅令、王の命令 15
- effrayé, e de +*inf.* 〜するのをひどく恐れた 63
- égorger のどを切って殺す 117
- embarrassé, e ふさがれた、困惑した 17
- embrasser キスをする 19
- emmener 連れていく 75
- emplir たくさん詰める 109
- emporter 運び去る、持ち去る 27, 61
- enceinte 妊娠した 13
- endurer 苦しむ、我慢する 81
- enlaidir 醜くなる 99
- en meme temps que A Aと同時に 19
- en peu de temps ほんのわずかの時間で 119
- entrelacé, e 交錯した 19
- envie *n.f.* 欲求 25
- épine *n.f.* 棘 19
- éploré, e 泣きぬれた 51

123

- □ esprit *n.m.* 才気、知性 *97*
- □ essuyer ふく、ふき取る *47*
- □ étonnement *n.m.* 驚き *91*
- □ évanouissement *n.m.* 気絶 *17*
- □ exécuter 実行する *27*

f

- □ faire éclater sa mauvaise humeur 不機嫌を爆発させる *81*
- □ faire frémir 震えさせる *15*
- □ faire plaisir à A Aを喜ばせる *59*
- □ faire une grande révérence au roi 王様にうやうやしくお辞儀をする *57*
- □ fatiguer 疲れさせる *119*
- □ fermer la porte à double tour 厳重に戸締まりをする *111*
- □ filer au fuseau 糸車で糸を紡ぐ *15*
- □ fille d'honneur *n.f.* (若い)女官 *19*
- □ fontaine *n.f.* 泉 *71*
- □ force *n.f.* 力 *51*
- □ frapper ノックする *37*
- □ frapper A de sa baguette Aを杖でたたく *85*
- □ furieux, se 激怒した *29*
- □ fuseau *n.m.* 糸車、糸巻き *15*

g

- □ galant, e 親切な、恋愛の *101*
- □ galette *n.f.* ガレット。丸くて平たいビスケット *35*
- □ garde *n.m.* 警備員 *19*
- □ garde-meuble *n.m.* 家具置場 *43*
- □ garde-robe *n.f.* 洋服管理 *61*
- □ gendre *n.m.* 娘婿 *65*
- □ gentilhomme *n.m.* 貴族 *51*
- □ gibier *n.m.* 獲物 *59*
- □ glacer A de crainte Aを恐怖で縮み上がらせる *21*
- □ goût *n.m.* 好み、趣味 *83*
- □ gouvernante *n.f.* 女家庭教師、子守役 *19*
- □ grâce *n.f.* 優美、気品 *87*
- □ grenier *n.m.* 屋根裏部屋 *81*
- □ grommeler quelques menaces entre ses dents 歯ぎしりをしながら何やら恨みがましいことをぶつぶつ言う *13*
- □ gronder うなる、不満をつぶやく *73*

h

- □ hautain, e 傲慢な、横柄な *81*
- □ hélas ! ああ残念! *87*
- □ héritage *n.m.* 相続財産、地所、不動産 *63*
- □ héritier, ère *n.* 相続人 *51*
- □ honnête 誠実な *51*
- □ honorable 名誉ある *87*
- □ houppe *n.f.* 巻き毛 *97*
- □ huit jours après 一週間後 *27*

i

- □ Il était une fois ~ 昔あるところに~がいました *13*
- □ il faut mourir 死ななければならない *47*
- □ Il ferait beau voir ~ ~するならそれでも結構だ(反語的)、~するとひどい目に遭うよ *73*
- □ impossible 不可能な *65*
- □ inclination *n.f.* 気質、好み *23*
- □ installer 入居させる *25*

Mot et index de l'expression
語句索引

j
- Je vous donne pour don あなたに贈り物をあげます *71*
- juste 正しい、ちょうど良い *91*

l
- laid, e 醜い *99*
- laisser A *inf.* Aが〜するままにさせておく *17*
- laisser tomber 落とす *111*
- laiterons *n.m.* ノゲシ *57*
- le long de A に沿って *111*
- les filles de la belle-mère 義母の娘たち *87*
- loin 遠い *49*
- lot *n.m.* くじの賞金 *57*
- l'une après l'autre ひとりずつ *45*

m
- malgré A Aにも関わらず *45*
- manières *pl. f.* 態度、物腰 *103*
- marraine *n.f.* 名付け親、キリスト教の教母 *13*
- maudit, e 呪われた、裏切り者の *115*
- méchant, e 意地悪な *27*
- méfiant, e 用心深い *103*
- mere-grande *n.f.* 祖母 *35*
- meunier, ère *n.* 粉屋 *57*
- miette *n.f.* パンや菓子などのかけら *111*
- moulin *n.m.* 粉挽き小屋 *57*

n
- naïvement 無邪気に、ありのままに *73*
- naturellement 自然に、必然的に *71*
- ne 〜 guère ほとんど〜ない *109*
- ne 〜 point 少しも〜ない *13*
- nourrir 食物を与える *109*

o
- obéir à A Aに従う *45*
- obliger A de +*inf.* Aに〜することを強いる *115*
- occupé, e à +*inf.* 〜するのに忙しい *83*
- Ô Ciel ! なんということだ！ *75*
- officier *n.m.* 士官、将校 *19*
- ogre *n.m.* 人食い鬼 *21*
- ordonner 命じる *61*
- ordre *n.m.* 命令 *27*
- orgueilleux, se 高慢な、傲慢な *71*

p
- page *n.m.* 王侯貴族に仕える小姓 *19*
- pâle 青白い *47*
- pantoufle *n.f.* 室内ばきの靴 *85*
- par ce moyen この方法で *13*
- pardon *n.m.* 許し *47*
- par le chemin le plus court (long) もっと近い（遠回りの）道を通って *35*
- patrimoine *n.m.* 世襲財産 *57*
- payer 報いる、お返しする *119*
- pendant que 〜 〜の間に *59*
- perdrix *n.f.* ヤマウズラ *59*
- perle *n.f.* 真珠 *73*
- plaindre 嘆く *99*
- pot *n.m.* 壺 *35*
- poudroyer 光を浴びてきらめく *49*

- □ poussière *n.f.* 埃 49
- □ prediction *n.f.* 予言 17
- □ prendre A pour B AをBとみなす、取り違える 117
- □ prendre la resolution de +*inf.* ～することを決断する 27
- □ préparer 下ごしらえをする 115
- □ prier A de +*inf.* Aに～するよう頼む、招待する 87
- □ proche de A Aの近くに 119
- □ publier 公表する 89
- □ publiquement 公けに 25
- □ puiser 汲む 71

q

- □ quérir 求める 25

r

- □ ramasser 拾いあげる 89
- □ ravi, e de +*inf.* ～してとてもうれしい 111
- □ redevenir A 再びAになる 85
- □ regarder 見る、眺める 89
- □ régence *n.f.* 摂政 25
- □ reine-mére *n.f.* 女王であり母親でもある女性 25
- □ relever sa bonne mine 彼（女）の外観を引き立たせる 61
- □ remarquer 気づく 47
- □ rendre A très laid et terrifiant Aをとても醜くひどい人にする 43
- □ rendre visite à A Aを訪問する 43
- □ rocher *n.m.* 岩山 47
- □ ronce *n.f.* 茨 19
- □ rossignol *n.m.* ナイチンゲール、さえずりが美しいツグミ科の鳥 15

s

- □ s'affliger 悲しむ 57, 97
- □ s'amuser 楽しむ 43
- □ sang *n.m.* 血 47
- □ s'approcher de A Aに近づく 61
- □ sauce Robert *n.f.* ロベール・ソース。玉ネギ、マスタード、白ワインを使ったドミグラスソースで、古くからフランス、スペインで肉料理に使われている 25
- □ sauter par-dessus les murs いくつもの塀を飛び越える 119
- □ s'avancer 前進する 21
- □ se baigner 水浴びする 59
- □ se botter 長靴をはく 57
- □ s'écarter 遠ざかる 21
- □ se consoler de A Aのことをくよくよ考えない、自分を慰める 29
- □ se divertir 気晴らしに楽しむ 65
- □ se fourrer 潜りこむ、入り込む 57
- □ se hâter 急ぐ 49
- □ se jeter 飛びかかる 29
- □ se lever 起床する 109
- □ s'éloigner de A Aから遠ざかる、離れる 111
- □ se marier avec A Aと結婚する 43
- □ se mettre à +*inf.* ～しはじめる 91
- □ se moquer de A Aをからかう 83
- □ s'en aller 行く 35, 47
- □ s'endormir 眠る 19
- □ s'enfuir 逃げる 51
- □ se noyer 溺れる 59
- □ se percer la main d'un fuseau

Mot et index de l'expression
語句索引

- 糸車で自分の手を刺す *15*
- ☐ se présenter 自己紹介する *59*
- ☐ se résoudre à +*inf.* ～すること を決心する *103*
- ☐ se réveiller 目を覚ます *17*
- ☐ serpent *n.m.* ヘビ *29*
- ☐ serrer 締めつける *109*
- ☐ se sentir 自分が～だと感じる、催 す、感じる *21, 101*
- ☐ se souvenir de A Aを思い出す、 覚えている *17*
- ☐ signe *n.m.* 合図、サイン *49*
- ☐ S'il parlait peu 彼は少ししか話 さなかったにしても *109*
- ☐ s'offrir à +*inf.* ～することを申し 出る *83*
- ☐ soigneusement 念入りに、丁寧 に *89*
- ☐ sortir de A Aから外へ出る *15*
- ☐ souper 夜食をとる、*n.m.* 夜食 *23*
- ☐ sourire 微笑む *87*
- ☐ souris *n.f.* ハツカネズミ *63*
- ☐ stupide 愚かな *97*
- ☐ sur-le-champs 直ちに *21*
- ☐ sur le moment 即座に *111*

t

- ☐ tant たくさん *27*
- ☐ tomber évanoui, e 気を失う *17*
- ☐ ton *n.m.* 声や音の調子 *25*
- ☐ toujours とはいえ、それでも *81*
- ☐ tout à coup 突然に *13*
- ☐ tout à fait まったく *47*
- ☐ tout, e seul, e たったひとりで *17*
- ☐ transformer A en B AをBに変える *63*
- ☐ tromper だます *27*

u

- ☐ un demi-quart d'heure 8分の1 時間、7.5分 *47*
- ☐ un troupeau de moutons 羊の 群れ *49*

v

- ☐ vaisselle *n.f.* 食器 *43*
- ☐ valet de pieds *n.m.* 制服を着た 使用人 *19*
- ☐ veau *n.m.* 子牛 *115*
- ☐ venir au monde 生まれる *109*
- ☐ verdoyer 青々と茂る *49*
- ☐ veuf, veuve *n.* 未亡人、やもめ *71*
- ☐ vilain, e みすぼらしい *81*
- ☐ vil, e 値打ちのない、卑しい *81*
- ☐ vipère *n.f.* 毒マムシ *29*
- ☐ Votre Majesté soit la bienvenue 陛下、ようこそおい で下さいました *65*
- ☐ Votre Majesté （呼びかけ）陛下 *65*

やさしいフランス語で読む
シャルル・ペローのおとぎ話

2015年2月6日　第1刷発行

原著者
シャルル・ペロー

リライト
Miki Terasawa

発行者
浦　晋亮

発行所
IBCパブリッシング株式会社
〒162-0804 東京都新宿区中里町29番3号　菱秀神楽坂ビル9F
Tel. 03-3513-4511　Fax. 03-3513-4512
www.ibcpub.co.jp

印刷所
株式会社シナノパブリッシングプレス

© IBC Publishing, Inc. 2015
Printed in Japan

落丁本・乱丁本は、小社宛にお送りください。
送料小社負担にてお取り替えいたします。
本書の無断複写(コピー)は著作権法上での例外を除き
禁じられています。

ISBN978-4-7946-0328-9